值此清华建校百年之际　谨以此书献给天下父母

　　这是清华大学最早的大门，现称"二校门"。从这个门里走出过无数的学术大师、兴业英才、治国栋梁。我希望你假期找个机会，或者通过读这本书，带着孩子从这里走进去。你不带孩子走进去，你的孩子怎么会从里面走出来呢？

　　这是清华大学最美的地方——"水木清华"。好的学校一定是美的，这是教育的需要。环境育人，这个环境既包括人文环境，也包括自然环境。这一点，很多寺庙都已悟到，并做得很好。恰恰相反，我们许多学校并没悟到，值得反思。

　　这是清华校园里的一个雕塑，名字叫"悟"。人，这一辈子，免不了要读书。读书，贵在要读得进去，还要读得出来。读书，若不悟，那真就是读死书，死读书，读书死了。

自强不息
厚德載物

一九五四届畢業五十周年立石
二零零四年四月

　　这是清华大学的校训——"自强不息、厚德载物"。很多人都知道这句话，并都在说这句话，问题是我们每个人理解了多少，做了多少。清华之所以为清华，是因为很多清华人在用自己的生命践行着这句话。这些人，构成了清华的脊梁。

FROM KINDERGARTEN
TO TSINGHUA UNIVERSITY

从幼儿园到清华园

王红兵 著

天津出版传媒集团

天津人民出版社

图书在版编目（CIP）数据

从幼儿园到清华园 / 王红兵著 . –– 天津：天津人民出版社，2014.7（2017.02 重印）
ISBN 978-7-201-08783-2

Ⅰ . ①从… Ⅱ . ①王… Ⅲ . ①学前教育 – 教育理论 –研究 Ⅳ . ① G610

中国版本图书馆 CIP 数据核字 (2014) 第 141417 号

从幼儿园到清华园

CONG YOUERYUAN DAO QINGHUAYUAN

王红兵 著

出　　版　天津人民出版社
出 版 人　黄 沛
地　　址　天津市和平区西康路 35 号康岳大厦
邮政编码　300051
邮购电话　（022）23332469
网　　址　http://www.tjrmcbs.com
电子邮箱　tjrmcbs@126.com

责任编辑　周春玲
装帧设计　张 平　王俊海

印　　刷　北京市庆全新光印刷有限公司
经　　销　新华书店
开　　本　787 毫米 × 1092 毫米　1/16
印　　张　14.25
字　　数　150 千字
版次印次　2014 年 7 月第 1 版　2017 年 2 月第 3 次印刷
定　　价　39.00 元

| Contents | **目录**

让我们走进清华、揭秘清华、学习清华——

第二部分　| 给力幼教 / 071

中国的家长，从来没有像现在这样重视幼儿教育。

很多地方，一个孩子上幼儿园的费用，已经远远超过读大学的费用，家长也在所不惜。

家长困惑——当然也是急于想弄明白的是：

面对各种幼教理论的风起云涌，面对各类幼教专家的左右支招，面对自己在教育孩子方面的知识匮乏，怎么办？

幼儿教育阶段到底要教给孩子什么？怎么教效果才好？

亲爱的家长，别急，让我们拨开迷雾，正本清源，一同走进真实、简单的幼教世界——

第三部分　拿什么帮到你，我的孩子 / 103

中国的孩子真的有些可怜！

学习，在很大程度上是为了分数。

一旦一个孩子长期陷于为了分数而读书，学习更深远的意义就被扭曲了。

做老师的，都知道这样一句话："授人以鱼，不如授人以渔。"

问题是，我们的孩子有多少人得到了"渔"的本领？

我一直认为，所谓一个人的优秀，就是"渔"的优秀。

而"渔"的优秀，很大程度体现在其思维方式上。

想让你的孩子从普通到优秀吗？

那就一同来学习一套优秀的思维方式吧——

第四部分　为什么我们的学校总是培养不出杰出人才 /143

曾记得著名科学家钱学森有一句振聋发聩的发问：

"为什么我们的学校总是培养不出杰出人才？"

这个被称为"钱学森之问"的问题，已引起上至国务院总理，下至普通百姓的深思。

"钱学森之问"无疑是沉重的，也是不容回避的。

我们的学校如何培养出杰出人才？

关于这一点，我们一直在思考——

我常说，孩子身上的问题，都是父母身上类似问题的影子。

改变孩子，须从改变父母开始。

只有父母好好学习，孩子才能天天向上。

如果父母能懂得一个人在未来发展过程中是哪些关键素质在起作用，如果父母在孩子成长的关键期能配合学校给孩子这些关键素质，那孩子上不上清华，其实已无足轻重。

你觉得呢？

前　言

出发，从幼儿园到清华园

亲爱的家长，你想让孩子上清华吗？

你肯定会说："当然想了——可是，哪有那么容易！"

的确，考上清华不容易。

清华每年在全国只招 3000 多个孩子，北京、上海等几个大城市就分掉 1000 多个指标，剩下 2000 个指标，平均每一个县都分不到 1 个，的确不容易。

但是，如果我把一个孩子从幼儿园到清华园的培养秘诀告诉你，你逐条去落实，请问，你是否愿意给孩子一次机会？

有一个不争的事实，每年毕竟还是有 3000 多个孩子走进清华园。

从理论上讲，每个孩子都有机会。

更何况，你读这本书，想让孩子上清华是一方面，更重要的是，你想从中汲取培养孩子的经验及教训，以便在未来的日子里，少走弯路。

你说是吗？

在我这本书里，清华其实是一个符号，一个孩子成才的符号。

如果你认同我书里的观点，并在日常的生活中按照这些观点去教育你的孩子，我敢肯定地说，孩子成才指日可待！

如果孩子都成才了，那孩子上不上清华已经无足轻重。

既然如此，那我的书名为什么还叫《从幼儿园到清华园》？

我自己是清华毕业，现在从事的是幼教，人生轨迹明显是从清华园到幼儿园，可天天思考的却是反向的——思考如何培养孩子从幼儿园到清华园。我坚信清华培养人的模式一定对家庭教育、幼儿教育、学校教育有帮助。我们都希望孩子成才，只是"成才"一说太泛泛，大家头脑里没有图像。如果我们把考上清华作为阶段性成功的一个标志的话，岂不表述更形象，也更方便？

基于上述想法，我还是将书取名为《从幼儿园到清华园》。

这本书，筹划已是很久的事情。

但，真正落笔却拖延至今。

《国家中长期教育改革和发展规划纲要（2010-2020 年）》催生了我这本书的面世。

清华大学 2011 年的百年校庆，似乎也在呼唤着我，赶紧把这本书写出来。

现在呈现在你面前的，就是多年来我对中国教育（家庭教育、学校教育、社会教育）的一些思考。

我不敢保证你读了这本书，你的孩子一定能考上清华，但我敢保证的是，这本书，一定会带给你教育孩子的真正的帮助。

人这一辈子，你跟谁在一起很重要。

人这一辈子，机遇很重要。

今天，你读了这本书，你就选择了与清华人在一起——这个清华人不是我，而是清华的一批杰出校友。你通过了解他们的人生轨迹，以及渗透其中的价值取向、思维方式、行为特点，去汲取自己成长的力量、拼搏的智慧。相信榜样的力量是无穷的。

今天，你读了这本书，就算是我们彼此认识了。茫茫人海，相识就是缘分。我的到来，能给你带去多大的帮助呢？我这里有一个小建议，我希望，你立即着手安排在"五一"长假，或者是"十一"长假，再或者是暑假、寒假，带自己的孩子到清华走一趟，从小就让孩子对清华有一个非常具体的、清晰的印象，从小就让孩子感受清华100年来大师云集、人才辈出的文化氛围，相信对孩子的成长影响甚为深远。

读万卷书不如行万里路，行万里路不如阅人无数。

带着我这本书，边参观清华边给孩子讲解清华的历史、清华的文化、清华的老师、清华的学兄，相信，孩子一定听得津津有味。

出发，从幼儿园到清华园，沾沾清华大学的灵气，你准备好了吗？

第一部分

走进清华 揭秘清华 学习清华

从幼儿园到清华园

清华素有"工程师摇篮"之称。

颇具戏剧性的是，清华近20年的大放异彩，恰恰不是因为她出了一个个工程师，而是她出了300多个省部级以上干部。

我是研究教育的，我也毕业于清华大学，我经常问自己这样一个问题："清华大学为什么会出现这种教育现象？清华大学人才培养的秘诀到底是什么？"

让我们走进清华、揭秘清华、学习清华——

第一章　清华鲜为人知的身世

有一个小测试。

你知道清华大学的由来吗？

是不是，好像知道，又好像不知道？

不要说你，就是我——一个在清华读了 6 年书的人，也不太清楚，似懂非懂。

我们这一代中国人，整体缺乏历史感——对很多东西，不习惯追根溯源，刨根问底！

当中学的历史课、地理课成为索然无味的代名词，当中学生们集体抛弃历史、地理等所谓副科的时候，中国孩子追根溯源、刨根问底的科学精神荡然无存。

人为什么要学历史？

人为什么要学地理？

历史，让我们知道自己在时间长河中所处的位置。

地理，让我们知道自己在宇宙空间中所处的位置。

一个人若对历史和地理知之甚少，他对自己在时空坐标系中所处的位置就不太明晰，他在人生的旅途中，他在事业的征程里，要不没有自信、缺乏力量；要不孤陋寡闻、盲目自大。更奢谈智慧！

列宁说：忘记历史，就意味着背叛！

我说：忘记历史，你对世间万物，永远雾里看花！

所以，今天你读我的书，我首先带你重温清华的历史。

如果你不了解清华的历史，你永远看不懂清华的很多现象，你更不可能明白清华人集体性格的成因。

在我介绍清华大学的由来之前，有两点须提醒你。

第一点，请不要惊讶！

第二点，请不要气愤！

虽然我知道，你肯定会惊讶、你肯定会气愤！

不过，没有关系，这段历史已经过去。

今日之中国，已非 100 年前之中国。

要想了解清华大学的历史，得从 1900 年说起。

1900 年，羸弱的中国"屋漏偏逢连夜雨"。

1860 年英法联军火烧圆明园的梦魇还没完全驱走，八国联军在 1900 年又入侵中国了。

这一时期中国的国门，仿佛没有安锁一样，谁想进就进，想出就出。

这一次，是哪八国联军入侵了中国？

英国、法国、普鲁士（德国）、沙俄、美国、日本、意大利、奥匈帝国（今奥地利和匈牙利）。

或许你会很奇怪，怎么这么多国家要一起来欺负中国？

莫非中国真的有啥事做得很过分，让别人看不下去？

如果非要说中国有啥事做得让帝国主义列强感觉很过分，那就是义和团声势浩大的"扶清灭洋"运动。

这些列强，在中国得了那么多好处，他们岂肯白白丢失到手的利益？

于是，它们决定联手出兵镇压义和团，美其名曰"维护本国在华人士的权益"。

结果如何？

1900 年 6 月 17 日，八国联军从天津塘沽大沽口入侵中国，8 月 16 日晚即基本占领北京全城。

"伟大的"慈禧太后、光绪皇帝和亲贵大臣纷纷逃往西安，他们派奕劻和李鸿章与联军谈和。

谈和？

哪有和可谈？

弱国无外交！

1901 年 9 月 7 日，清政府被迫与八国联军签署了《辛丑条约》。

《辛丑条约》规定，清政府赔款白银四亿五千万两。

这个四亿五千万两是怎么计算出来的？

八国联军坏透了！

当时中国总人口是四亿五千万人。

八国联军要求每个中国人赔款 1 两，如此算来，赔款总计就是四亿五千万两，极尽对中国人的羞辱。

更可恨的是，由于当时清政府拿不出这么多钱，便和八国联军协商分期付款。

八国联军问了，你们希望多少年还清啊？

清政府说，39年。

大家都知道，分期付款是需要支付利息的。

四亿五千万两的赔款，再加上39年的利息，你猜猜，最终需要赔多少？

九亿八千万两！

骇人听闻！

这个数字，是当时清政府全年总收入的12倍。

看到这，你是否很惊讶？是否很气愤？

更惊讶、更气愤的还在后头。

清华大学本身跟《辛丑条约》没有直接关系。

清华大学跟清政府在执行《辛丑条约》过程中觅得的一个机会有关。

要说这个机会，还得感谢一个人，这个人就是当时中国驻美公使梁诚。

《辛丑条约》规定：清政府赔款白银四亿五千万两。问题是，到了1904年，白银掉价了，有些国家开始动歪脑子了——他们提出要用黄金支付。

清政府当然不愿意这样，他们希望用白银支付。

起先，美国还是同情中国的，他们无所谓是用白银支付还是用黄金支付，但后来变卦了。

为了此事，1904年12月上旬，梁诚去找美国国务卿海约翰。

梁诚说，中国自从《辛丑条约》签订之后，老百姓民不聊生。如果你们还天天吵着要用黄金支付，老百姓势必被逼到绝路，老百姓将更恨你们外国人。目前的稳定局面来之不易。

海约翰听了梁诚一番话，觉得也是那么一回事，沉默良久，不自觉地嘟囔一句："庚子赔款实属过多……"

所谓"庚子赔款"，即《辛丑条约》赔款。1900年为庚子年，所以《辛丑条约》赔款又叫"庚子赔款"。

当时，美国作为八国联军之一，在《辛丑条约》中分得赔款白银3200多万两（约合美元2400多万）。

梁诚一听海约翰自己承认中国人给他们的赔款实属过多，便不再去和海约翰游说用白银赔款，而是开始游说美国人退还部分赔款。

功夫不负有心人。

1908年5月25日，在梁诚等人的游说下，美国国会同意退还部分赔款。

当年7月11日，美国驻华公使柔克义正式通知清政府外务部（相当于现在的外交部），说美国政府决定将他们所得"庚子赔款"中过多索取的1078.5万美元，从1909年起至1940年止，逐年"退还"给中国，作为资助留美学生之用。

当时，清政府对退款用来资助留美学生有点不愿意。

为啥？

清政府想，本来是我多给你的钱，今天，你退回来了，我怎么用，你管得着吗？

人家美国人说了，我就是管得着。

为什么？

还是那句话，弱国无外交！

美国政府坚持这笔退款用于教育，否则退款之事将遥遥无期。

清政府被迫同意。

或许，看到这，你有些纳闷：

这美国人不是挺好？中国人没钱办教育，你看看，他们拿出钱来替你中国人办？虽说是"庚子赔款"退款，问题是，如果他们坚决不退，你中国人也是没辙呀？其他列强不都没退吗？

我当时在清华读书时，就是这么想美国人的。

俗话说，天上永远不会掉下馅饼！

美国人对你示好，必须记住：在他们心里，美国利益永远是第一位的！

历史上如此，现在更是如此！

不要把美国人想得太好！

我们自己更不要太天真！

不信，你看时任美国伊里诺大学校长詹姆士是怎么说的。

1906年，詹姆士就"庚子赔款"退款给美国总统西奥多·罗斯福写信，他说：

"中国正临近一次革命。……哪一个国家能够做到教育这一代青年中国人，哪一个国家就能由于这方面所支付的努力，而在精神和商业的影响上取回最大的收获。如果美国在30年前已经做到把中国学生的潮流引向这一个国家来，并能使这个潮流继续扩大，那么，我们现在一定能够使用最圆满和巧妙的方式，控制中国的发展。——这就是说，使用那从知识上与精神上支配中国的领袖的方式。"

你看美国人阴险不阴险？

他们试图通过控制中国领袖来控制中国。

詹姆士还就中国大批学生留学日本和欧洲告诉西奥多·罗斯福总统：

"这就意味着，当这些人从欧洲回去后，将要使中国效法欧洲，效法英国、德国、法国，而不效法美国。这就意味着他们英国、法国和德国的商品要被买去，而不买美国的商品……"

他建议西奥多·罗斯福总统：

"为了扩展精神上的影响而花一些钱，即使从物质意义上，也能比用别的方法获得更多。商业追随精神上的支配，比追随军旗更为可靠。"

你明白美国人的用心了吗？

"商业追随精神上的支配，比追随军旗更为可靠。"

这就是美国的战略。

故事讲到这儿，有一个问题可能你要问：

"既然美国人想培养忠诚于他们的中国领袖，为什么他们不来中国直接办学，而交由中国人来办？"

这里有个现实问题。

自 1877 年至 1900 年间，美国曾在中国办了许多教会学校。但是，当时清政府各省规定，官立学堂的毕业生有选举权与被选举权，而教会学校毕业生却没有这个资格。

如此一来，美国人感到，如果让他们亲自在中国操刀办学，它的毕业生几乎找不到官方任用的机会。

怎么办？

他们只有采取背后操纵、由中国官方选派优秀学生去美国留学或由中国官方在中国自办学校的形式。

1908 年 10 月 28 日，中美两国政府草拟了派遣留美学生规程：

起初 4 年，清政府每年至少应派留美学生 100 人。第五年起，每年至少要派 50 人赴美，直到"退款"用完为止。

学生遴选条件：身体强壮，性情纯正，相貌完全，身家清白，恰当年龄；中文程度须能作文及有文学和历史知识；英文程度能直接入美国大学和专门学校听讲。

学科分配比例：80% 学农业、机械工程、矿业、物理、化学、铁路工程、银行等，其余 20% 学法律、政治、财经、师范等。

在派遣学生的同时，双方还商定在北京由清政府外务部负责设立一所留美训练学校，如果必要，还准备在中国其他城市设立分校。

于是，在 1909 年 6 月，根据规程，清政府在北京设立了游美学务处。

1909 年 8 月，游美学务处在北京史家胡同招考了第一批学生直接留美。在 630 名考生中仅录取了 47 人，没有招到 100 人。这批学生中有后来成为清华校长的梅贻琦等。

1910 年，在 400 余考生中录取了 70 人作为第二批直接留美生，也没有招到 100 人。其中包括赵元任、竺可桢、胡适等。

1911 年，招考了 63 人去美国留学，依然没有招满 100 人。

为什么 3 年都出现没招满 100 人的情况？

这是由清朝外务部（相当于现在的外交部）与学部（相当于现在的教育部）在招生问题上出现分歧所导致。

外务部主张招收 16 岁以下的幼童，从小送美培养，否则对外国语言"绝无专精之望"。

学部则坚持招收 30 岁以上的学生，否则"国学既乏根底，出洋实为耗费"。

双方针锋相对，于是有了折中方案，游美学务处专设留美预备学校，先在国内有计划地训练，以便培养合格的毕业生送美留学。

清朝负责管理宫廷事务的内务府将清华园拨给学务处作为校址。

当时的清华园到底有多美？

曾任清朝咸丰、同治、光绪三代礼部侍郎的殷兆镛是这样描述清华园的：

> 槛外山光，历春夏秋冬，万千变幻都非凡境；
> 窗中云影，任东西南北，去来澹荡洵是仙居。

当时的清华园外部环境如何？

清华老校歌开头唱道：

> 西山苍苍，东海茫茫，吾校庄严，巍然中央，东西文化，荟萃一堂，
> 大同爰跻，祖国以光……

以上两段描述，足见清华内外环境之优美。

很显然，清华园是一处非常理想的读书之地。

从1909至1911年间，游美学务处在清华园修建了当时的校门（现称"二校门"）、游美肄业馆（现称"清华学堂"）等一批建筑。

"二校门"，造型精美、线条流畅、巍峨庄重，无疑它已成为清华的标志性建筑。

"清华学堂"，当属清华真正的摇篮，清华在这里孕育。

1911年3月，清华学堂在北京举行了入学复试，共有468名学生参加。这批学生全部被录取。他们当中有许多后来成为著名的学者，如侯德榜、

金岳霖、戴芳澜等。

1911年4月29日，清华学堂正式开学，有学生460余名，教师30多人。

这就是清华历史的开端。

后来，清华便把每年4月最末的星期日定为校庆日，一直延续到今天。

1912年10月，"清华学堂"更名为"清华学校"。

1925年9月，清华正式成立大学部，并创办国学研究院，开始向综合性大学过渡。

1928年，"清华学校"更名为"国立清华大学"。

这就是清华大学的由来。

清华的历史讲到这里，你什么感觉？

依然惊讶、气愤？

在老一代清华人的内心深处，除了惊讶、气愤，永远排解不了的是屈辱！

耻不如人啊！

许多老清华人常说：清华，国耻纪念碑啊！

更令莘莘学子心情沉重的是，清华的身世已经让他们感觉耻不如人，而学校偏偏又建在被英法联军洗劫过的清华园和近春园，学生整天面对着被焚毁的断壁残垣，民族耻辱时时袭上心头。

清华学堂建立后，教育方面如学制、课程、教材、教学法、体育、兵操、课外活动等几乎全都仿照美国，行政管理亦然。英语几乎超越了汉语的地位，学校布告、讲座等几乎都用英语，早期的校歌也是由美籍教师用英语写的。

这一时期的四大建筑（大礼堂、图书馆、体育馆、科学馆）的设计图样都是出自外籍建筑师之手。

无怪乎英国哲学家罗素访问清华时讲了这样一句话："清华学校恰像一个由美国移植到中国来的大学校。"

清华早期是留美预备学校，学生享受着美国式的教育，出洋后却非常敏感于西方人对黄种人的歧视，他们远较其他大学的学生蓄积着更深重的对于民族耻辱的痛感。

故谓清华为中国战败纪念碑也可；谓清华为中国民族要求解放之失败纪念碑亦可；即进而谓清华为十余年来内讧与外侮连年交迫之国耻纪念碑亦无不可。

清华不幸而产生于国耻之下，更不幸而生长于国耻之中。……不幸之中，清华独幸而获受国耻之赐。既享特别权利，自当负特别义务。

明耻、爱国逐渐成为清华学生非常自觉而清醒的意识。

第二章　　清华人集体性格的成因

外界评价清华人，经常用到的词汇是：

务实、不张扬、能吃苦、抱团、严谨、超自信、执行力强……

我采访过很多清华人，我经常问他们：作为一个清华人，你觉得你们身上有哪些共同特点？

答案几乎也是：

务实、不张扬、能吃苦、抱团、严谨、超自信、执行力强……

看来，这些就是清华人的集体性格特点。

问题是，清华人的集体性格特点是怎么形成的？

清华到底用了一种什么样的魔力，把来自祖国四面八方、性格迥异的莘莘学子，塑造得仿佛从一个模子里刻出来的一样？

很有趣的一件事情是，社会上凡是言及清华人性格特点的时候，都要拽上与清华只有一墙之隔的北大来做比较。

清华与北大，真是"老冤家"！

大家既友好，又彼此暗暗较着劲；既合作，又竞争。

仿佛剑桥与牛津，耶鲁与哈佛，麦当劳与肯德基，中国电信与中国联通，中石油与中石化，新浪与搜狐，百度与谷歌，国美与苏宁，QQ与MSN……

看来，各行各业，都有——也得有两个巨无霸存在。如果只有一个巨无霸，对管理者来说，既不安全，也不利于行业发展。

清华与北大，中国高校的两个巨无霸，社会上是怎么评价他们各自特点的？

请看以下几个段子。

第一个段子：

> 有人告诉我，北京高校的女生能在两分钟之内，辨别对面的男生是来自清华还是来自北大。我问如何辨别，答曰：如果他喜欢谈论国家大事，容不得别人插话，那他一定来自北大；如果他经常在群体中现身且缄默不语，甚至一和女生说话就脸红，那他一定来自清华。

第二个段子：

> 英国牛津大学和剑桥大学每年都要在泰晤士河上举行赛艇对抗赛。这项始于1829年的八人艇对抗赛已经组织了180多届。北大和清华为了与世界接轨，从1999年开始也搞赛艇对抗赛，但终因水土不服，于2010年夭折了——寿命仅为10年。

有一个阶段，在赛艇对抗赛中，清华大学的成绩很好。

清华人挺起坚实的胸脯说："对抗赛都搞了四五届，你们赢过几回？"

北大人则斜倚着门框反唇相讥："你们连跑步都喊着号子，没有比你们更乏味的了。你们有未名湖吗？"

清华人哪甘示弱："未名湖有什么了不起？除了能淹死诗人还能

干什么？"

这就是北大人和清华人。

这种兄弟间的打嘴仗已持续了几十年，我相信一代又一代北大人和清华人还将持续下去，因为他们都对自己迥异于对方的传统和精神充满信心。

第三个段子：

北京中关村地区，中国的硅谷所在地，高新技术企业多。

这些高新技术企业，经常闪现北大、清华毕业生的身影。其中，不乏企业创始人。

《中国企业家》杂志调查发现，这两所学校的毕业生，创业表现耐人寻味。

北大人，喜欢新产业的开拓，不颠覆行业格局不罢休；清华人，则偏爱先进技术的开发应用。

北大人，是先找市场，再找资源；清华人，则是先找技术，再找市场。

北大人，张扬不羁，更愿意做有影响力的事情，因而有更多"跨界者"；清华人，低调务实，往往一根筋到底，成为细分市场的领导者。

北大人，更独立；清华人，更团结。

北大人，擅长运用私人关系构筑网络；清华人，则以校友联谊会一类组织互相帮助。

北大人，因表现不够专注，有时不免虎头蛇尾；清华人，因过于钟情技术，有时不免离客户太远。

北大人，想法多；清华人，办法多。

北大人，能想事；清华人，能成事。

北大人，做事仿佛是作诗；清华人，做事仿佛是在写一篇论文。

……

读了上述几个段子，你有什么感想？

既然是段子，肯定有夸张、虚构的成分。但从中，你是否对清华人的集体性格有了大致了解？

教育就是这么神奇。

从全国各地送往北大、送往清华的"原材料"大体应该是差不多的。

为何4~5年的本科塑造（清华本科原来是5年，现改为4年），差异竟如此之大？

我觉得，清华人集体性格的成因，一半来自先天，一半来自后天。

清华人的集体性格，哪些是先天所赐？哪些是后天形成？

很显然，清华鲜为人知的身世，基本奠定了清华人的性格特点：因耻不如人，所以忍辱负重；因背负责任，所以众志成城。大家目标明确，行动果断，性格趋于内敛、抱团、能吃苦、务实、进取。

我们常说，一个团队的文化往往是核心领导人的文化。

换句话说，一个团队的性格往往是核心领导人的性格。

在清华历史上，有两位校长对清华贡献最大，一位是梅贻琦，另一位是蒋南翔。梅贻琦是新中国成立前做的校长（1931—1948），蒋南翔是新中国成立后做的校长（1952—1966）。

梅贻琦在清华做校长长达17年，蒋南翔在清华做校长长达13年。

有人称，梅贻琦为"清华之父"。

我突然发现，清华建校100年，整体清华人的性格特点，不自觉带有梅贻琦校长性格特点的一些烙印。

曾记得《孟子》里有这样一句话："上有好者，下必有甚焉者矣。君子之德风也。小人之德草也。草尚之风，必偃。"

这句话的意思是说，居上位的人有什么爱好，下面的人一定爱好得更深。君子的德好像风，一般人的德像草，风吹向哪边，草就倒向哪边。

那梅贻琦校长，有哪些性格特点一直在影响一代代清华人呢？

梅贻琦，字月涵，1889 年生于天津。

1904 年，15 岁的梅贻琦进入南开学堂，因成绩优异，颇受爱国教育家、南开创始人张伯苓先生的赏识。

1908 年，梅贻琦被保送到保定高等学堂。

1909 年，清政府成立"游美学务处"与"游美肄业馆"（清华大学前身），招收第一批庚款留学生，梅贻琦以第六名的成绩被录取，赴美国吴士脱工业大学攻读电机专业。

1915 年，梅贻琦大学毕业，获工学士学位后便回国。梅贻琦回国后，首先在天津基督教青年会工作，半年后应清华邀请前去任教，从此，他的生命就与清华一直联系在一起。梅贻琦经常说："生斯长斯，吾爱吾庐！"足见他对清华的热爱。

1925 年，清华增设大学部，梅贻琦任物理系教授。

1926 年 4 月，梅贻琦被推选为教务长。

南京国民政府成立后，1928 年清华学校正式更名为清华大学。因清华留美学生监督处财务混乱，梅贻琦被派往美国担任该处监督。

1931 年 12 月，梅贻琦奉调回国担任清华大学校长。

1931 年，正值"九一八事变"爆发，日本帝国主义侵略中国，民族存亡危在旦夕。热血学生要求抗日救国，国民党当局却极力反对，学生们很是不满，学潮此起彼伏，尤以北大清华为甚。清华还接连发生了驱逐校长的事件。

你或许很奇怪吧？上级部门把校长派来，学生怎么还可以驱逐校长？

当时清华就发生了这事。不仅驱逐了一个，而且驱逐了三个。

清华学生说了，他们对新校长人选有四个要求：

第一，人格学问可以为学生之表率；

第二，对于教育有研究且举办教育有成就；

第三，有忠于教育积极做事之精神；

第四，不带政客、宗教、买办等色彩。

据说，当时有几个人进入候选名单，梅贻琦就在其中，只不过，排名不算靠前。

然而，时势造英雄。

排名靠前的几位候选人因种种原因不能来清华，最终，清华选择了梅贻琦。

梅贻琦刚上任的时候，很多人并不完全看好他。

原因是：

第一，梅贻琦在美国所读的大学好像名气不怎么大。

第二，梅贻琦日常总是戴着深色镜框眼镜，穿一袭长袍，清癯瘦高，完全一副学究样。不仅学生，就是其他教授们，也都在想，在名师荟萃、英才聚集的清华，怎么七选八选，最终还是选了一个学究来掌管校务呢？

第三，梅贻琦太谨言慎行，大家称之为"寡言君子"。梅贻琦公开演讲时总喜欢使用不确定的语气，学生作打油诗一首，调侃、揶揄梅贻琦："大概或者也许是，不过我们不敢说，可是学校总认为，恐怕仿佛不见得。"

梅贻琦以校长身份第一次出现在清华师生面前，他在"就职演说"中说道：

"本人能够回到清华，当然是极高兴、极快慰的事。可是想到责任之重大，诚恐不能胜任，所以一再请辞，无奈政府方面，不能邀准，而且本人与清华已有十余年的关系，又享受过清华留学的利益，则为清华服务，乃是应尽的义务，所以只得勉力去做，但求能够尽自己的心力，为清华谋相当的发展，将来可告无罪于清华足矣。"

梅贻琦是一位典型的"讷于言而敏于行"的人。

用现在的话说，是一位典型的"行胜于言"的人。

梅贻琦校长是这样的人，他带出的兵——无论是老师还是学生，均深受影响。

凡是与梅贻琦接触过的人，都知道梅贻琦是一个沉默寡言的人，无论在任何时间、任何地方，他都不肯轻易发言，甚至与好友或知己相处，亦是慎于发言。有人用"慢、稳、刚"三个字形容梅贻琦的沉静、寡言、慎言个性。但当某种场合，非他发言不可，则又能侃侃而谈，畅达己意，而且言中有物，风趣横溢。他开会很少说话，但报告或讨论，总是条理分明，把握重点；在许多人争辩不休时，他常能一言解纷。

梅贻琦治校倡导"无为而治"。有人问他对学校大政方针的看法，他常说："我从众。"他还说："为政不在多言，顾力行何如耳。"

陈寅恪曾说："假使一个政府的法令，可以和梅先生说话那样严谨，那样少，那个政府就是最理想的。"

梅贻琦平日不苟言笑，却极富幽默感和人情味，有时偶发一语，耐人回味。有一次，有人问梅贻琦："怎么你做了这么多年校长？"梅贻琦答："大家（打）倒这个，（打）倒那个，就没有人愿意倒梅（霉）。"

还有人问："什么是校长？"梅贻琦答："校长的任务就是给教授搬搬椅子，端端茶水的。"

1940年，梅贻琦服务清华已有25年，其办学成绩引起中外瞩目，清华师生在昆明召开纪念梅贻琦任教清华25年大会。梅贻琦留学时的母校吴士脱工业大学亦授予其工程学博士荣誉学位，以示嘉许。在公祝会上，梅贻琦说：

"清华这几十年的进展，不是也不可能是某个人的缘故。是因为清华有这许多老同事，同心协力去做，才有今日。……在京戏里有一种角色叫王帽，他每次出场总是王冠整齐，仪杖森严，文武将官，前呼后拥，像煞有介事。其实会看戏的，绝不注意这正中端坐的王帽，因为好戏并不是由他唱的，他只是搭在一个好班子里，人家对这台戏叫好时他亦觉得'与有荣焉'而已……"

梅贻琦接着说：

"不过在这风雨飘摇之秋，清华正好像一条船，漂流在惊涛骇浪之中，有人正赶上负驾驶它的责任，此人必不应退却，必不应畏缩，只有鼓起勇气坚忍前进，虽然此时使人有长夜漫漫之感，但吾们相信不久就要天明风定，到那时我们把这船好好地开回清华园，到那时他才能向清华的同人校友'敢告无罪'。"

梅贻琦不喜著书立说，身后留下文字不多。现在大家一谈起梅贻琦，常常提及的一句话就是："所谓大学者，非谓有大楼之谓也，有大师之谓也。"这句话，是梅贻琦在就职典礼上说的。

梅贻琦的原话是这么说的：

"一个大学之所以为大学，全在于有没有好教授。孟子说：'所谓故国者，非谓有乔木之谓也，有世臣之谓也。'我现在可以仿照说：'所谓大学者，非谓有大楼之谓也，有大师之谓也。'"

此后清华大学延聘了一大批学贯中西的知名学者，一时清华教授阵容之强在国内名列前茅。

梅贻琦所讲的"大师"，不仅学问要好，而且道德也要好。他说，老师不但要"以己之专长之学科知识为明晰讲授"，而且要为学生的"自谋修养、意志锻炼和情绪裁节"树立榜样。为此，他提出了"从游"这一生动的比喻。他说："学校犹水也，师生犹鱼也，其行动犹游泳也。大鱼前导，小鱼尾随，是从游也。从游既久，其濡染观摩之效自不求而至，不为而成。"以教师的高尚品行来自然地引导学生，达到"不为而成"，是很高明的教育方法。

梅贻琦不爱说话，但"桃李不言，下自成蹊"，其弟子芬芳九州，誉满天下。

梅贻琦爱学生是有名的。

1936年，正值抗战爆发前夕，冀察政委会委员长宋哲元的手下派军队到清华清查，因士兵有令在先"没有接到命令不准开枪"，因此竟被同学缴了械，领队的团长也被扣留，运输车辆亦被掀翻。当晚，竟有三千名军警荷枪实弹并附有大刀队闯进了校园。

手无寸铁的秀才们急了，纷纷来到梅贻琦家中研究对策，其中就有叶企孙、陈岱孙、冯友兰、张奚若、叶公超等人。叶企孙后来回忆说："几乎每个人都说了很多话，唯有梅先生自己默默不发一言。大家都等着他讲话，足足有两三分钟之久，他老先生还是抽着烟，一句话不说。"冯友兰问梅先生："校长，你看怎么样？"梅先生还是不说话。叶公超忍不住了。他说："校长，您是没有意见而不说话，还是在想着而不说话？"梅先生隔了几秒钟才答复："我在想，现在我们要阻止他们是不可能的了，我们现在只是想想如何减少他们来了之后的骚动。"

最终，你知道梅贻琦他们是怎么度过这场危机的？当军警们逼他交出闹事学生名单及住址时，他给军警一份名字和住处都不大准确的名单，军警信以为真，草草抓了几个人了事。

原本以为这事就算过去了。谁料军警刚走，学生们就闹开了。

学生们因怀疑军警特工手里的名单是校方提供，便把教务长拖到大礼堂前质问；还有学生甚至要动手打人。

此时，梅贻琦赶到现场，对着几百名学生沉默一会儿，迸出一句话："要打，就打我！"

学生们都非常信赖、爱戴梅校长，无论什么时候，清华学生们的口号都是"反对×××，拥护梅校长"。大家理解校长的苦衷，很快，这场风波就过去了。

就像这样，在每次学潮中，梅贻琦都以一介书生薄如蝉翼般的羽翼保护着学生的安全，蒋南翔、姚依林、方左英等中共地下党的领头人，都曾得到他慈父般的有力庇护。还有多次在学潮中出头并率领群众与敌人周旋谈判的郭德远，也曾被梅贻琦藏于汽车后面的行李箱中偷偷带出，免遭劫难。

梅贻琦说："教育的出发点是爱。我的学生就是我的子弟，我的子弟也是我的学生。""学生没有坏的，坏学生都是教坏的。"

他告诫行将赴美的学生："诸君在美的这几年，亦正是世界上经受巨大变化的时期，将来有许多组织或要沿革，有许多学说或要变更。我们应保持科学家的态度，不存先见，不存意气，安安静静地去研究才是正当的办法，才可以免除将来冒险的试验、无谓的牺牲。"

他还说："诸君在国外的时候，不要忘记祖国；在新奇的社会里，不要忘掉自己；在求学遇到困难问题的时候，务要保持科学态度，研求真理。"

梅贻琦嗜酒，曾喝醉过，但没怎么闹过酒。在清华全校师生员工中，梅先生的酒量可称第一。有人称，梅先生最使人敬爱的时候，是喝酒的时候，他从来没有拒绝过任何敬酒人的好意，他干杯时那种似苦又似喜的面部表情，看到过的人，终生不会忘记。

1947年，抗战胜利后清华第一次校庆，在体育馆摆了酒席，大家向校长敬酒。那一天梅贻琦足足喝了四十多杯。

清华人对于梅校长的崇仰确乎一以贯之，历久不衰，正如一位校友所言："清华人对梅先生孺慕情深，像听戏的人对梅兰芳一样入迷，我们却是另一种梅迷。"

在梅贻琦的领导下，清华在十年之间从一所颇有名气但无学术地位的学校一跃成为国内名牌大学，梅贻琦奠定了清华的校格。

1949 年 10 月 1 日，中华人民共和国成立。

1952 年 4 月 16 日，国家高等教育院系开始调整，"将北京大学工学院、燕京大学工科方面各系并入清华大学。清华大学改为多科性的工业高等学校，校名不变。将清华大学的文、理、法三学院及燕京大学的文、理、法方面各系并入北京大学"。

至此，清华大学由一所综合性大学变为一所多科性的工业大学，重点为国家培养工程技术人才，被誉为"红色工程师摇篮"。

这次院系大手术，满足了当时社会的需要，但大伤清华的元气。

自此，清华人整体性格特点急速往工程师性格特点上转移。

工程师天天需要操作，自然需要"实干"——这一点与清华早先精神进一步契合，20 世纪 30 年代，朱自清先生就说"清华的精神是实干"。

工程师每一个项目的推进、每一个成果的推出，都需要严密的思考、周密的计划、缜密的方案，这进一步训练了清华人思维的严谨。

工程师做工程、上项目、搞科研，单枪匹马做自然不行，它需要团队作战，这又契合了早期清华人的"抱团"，大家非常团结，顾大局，重视人际关系，崇尚集体主义。

改革开放 30 年来，伴随中国恢复高考，大量农村贫寒子弟考入清华，他们非常珍惜难得的求学机会，学习极其刻苦。他们感恩社会，感恩邓小平，感恩恢复高考。面对社会存在的一系列问题，他们不抱怨，率先提出"从我做起、从现在做起""不扫一屋，何以扫天下"的口号。他们自立、自强、自尊、自爱。他们深深懂得，"清华一条虫，出去一条龙"。他们内心强大，无比自信，无坚不摧。

有人这样写道：

　　每次我走进清华的大门，都会感到清华学子每一个毛孔里都在向外弥漫着精力和斗志。与北大人悠闲甚至略显懒散的脚步不同，清华人更像一张拉满的弓。他们步伐更迅速，眼神更坚定，表情更肃穆。在清华，你会最深切地体会到什么叫"天将降大任于斯人"。

这就是清华人！

第三章　清华培养人才的五大秘诀

通过十多年的研究，我发现，清华大学培养人，有五大秘诀。

这五大秘诀，显然不是清华在建校时就想明白的。

这五大秘诀，是清华在长期实践中不断摸索，用经验和教训写就的。

这五大秘诀，经由岁月的风蚀、时代的荡涤，日臻成熟。

首先跟大家介绍秘诀之一——自强不息，厚德载物。

秘诀之一　自强不息　厚德载物

清华大学人才辈出，很多人感恩清华的时候，都不约而同地提到清华校训"自强不息、厚德载物"给予他们的滋养。

只是，大家耳熟能详的"自强不息、厚德载物"怎么就成了清华的校训？

这得从一个人说起。

这个人，就是著名革命家梁启超。

1898 年，光绪皇帝、康有为、梁启超、谭嗣同等资产阶级改良派发起了声势浩大的政治改良运动，但终因光绪皇帝他们缺乏政治斗争经验，以失败告终。遭此挫折的梁启超，公开声明"脱离政治"而致力于学术活动。

1914 年秋，梁启超在清华租屋著书，学校特邀请他给学生做一次讲座。讲什么呢？当时，正值清华倡导"德、智、体"三育，尤其倡导"人格教育"，梁先生便以《君子》为题，做了一场荡气回肠的励志讲座。

梁启超说，什么样的人称得上"君子"，要真说清楚，不太容易。外国人所说的"绅士"，好像与我国所说的"君子"有些接近。至于具体标准，莫衷一是。周易六十四卦，言及"君子"的大概有五十三卦。乾坤二卦所说最为贴切。乾象曰："天行健，君子以自强不息。"坤象曰："地势坤，君子以厚德载物。"如此说来，"自强不息，厚德载物"的人，是君子啊！

梁启超接着说，"天行健，君子以自强不息"，这是什么意思呢？这句话的意思是说，作为君子啊，得向天学习。为什么要向天学习？你看天，它的运行，完全不受世俗的影响，全然按照自身的规律，永不停歇地向前、向前、向前。天这种刚健的品格，君子得好好效法啊！我们可不能因艰难而阻，因险境所挡。人生在世，就仿佛船行大海，不管顺风逆风，都要勇往直前。如果我们都必须等到顺风才扬帆起航，什么时候才能抵达彼岸。如果我们一曝十寒，有利就进，无利就退，根本算不上君子啊！

梁启超又接着说，"**地势坤，君子以厚德载物**"，这又是什么意思呢？这句话的意思是说，君子待人接物，要宽宏大量啊！要学大地之博大，无所不载。你看大地，幅员广阔，深厚无底，它生长万物，滋养万物；它无所不包，万物并存。因此，企盼君子在效法"天"的刚健的同时，还要效法"地"的博大胸怀。君子要严于律己，宽厚待人。只有那些心胸宽广、坦荡无私、无所芥蒂的人，才能称得上真君子。那些气量小、轻佻狂薄的人，根本不是君子。

梁启超最后指出，清华学子，都是从祖国四面八方选拔而来。大家齐聚清华，为师为友，互相切磋，将来留学海外，吸收新文明，改良我社会，促进我政治，前途不可估量。我们所说的君子，清华学子不率先垂范，谁又能率先垂范呢？今天的清华学子，将来即为社会之表率，言行举止，老百姓都将仿效。希望清华学子，崇德修学，努力做真君子，未来必将担当国家重任，挽既倒之狂澜，作中流之砥柱，果真如此，国家就太幸运了。

在这次演讲中，梁先生所演绎的"乾象曰：'天行健，君子以自强不息。'坤象曰："地势坤，君子以厚德载物。'"给师生留下了深刻的印象。

本来在1911年2月"清华学堂"成立的时候，学校即提出"培植全材、增进国力"，"进德修业、自强不息"的办学理念。经梁启超对"自强不息、厚德载物"这么一演绎，很快，学校即确定这八个字作为校训，并在设计校徽的时候，直接把"自强不息、厚德载物"设计在校徽里。

"自强不息、厚德载物"这八个字，已深深烙印在每一个清华学子的脑海里。

我离开清华，已经20多年。

对照着清华的校训，我来评价自己，我发现，我"自强不息"有余、"厚德载物"不足。

为什么会出现这种情况呢？

我进一步发现，其实，我们这个社会，当然包括我自己，强调"自强不息"的多，关注"厚德载物"的少。

什么叫"厚德载物"？

以前我的头脑里就是一个解释："做人要有德行。"

如果你接着问我："什么叫做人有德行？"

我或许就会回答："不做坏人做好人。"

如果在我心目当中"厚德载物"就是"不做坏人做好人"，我又怎么会在这个方面去着力提升自己呢？

梁启超说，君子待人接物，要宽宏大量！要严于律己，宽厚待人。可是我们往往对他人要求很多、很高，对自己要求很少、很低！按照梁启超在《君子》中所提的"厚德载物"标准来审视自己，我们在德行上的修炼还差得很远。

我们这个社会，在比较长的时间里，都崇尚只问结果、不问过程，贪图眼前，急功近利。

我们这个社会，在比较长的时间里，都以成败论英雄。

你企业效益好了，你官做上去了，你教授职称、院士职称评上去了，你就是英雄。我们很少关注，他在整个所谓进步的过程中，他的所作所为是否符合"厚德载物"的规范。

正因为我们整个社会缺乏这样的人才评价环境，所以，多少人通过"自强不息"，获得了所谓事业的辉煌。孰料，在短暂的事业辉煌之后，他们便相继轰然倒塌，留下无数的扼腕。

中国足协副主席谢亚龙、足球金哨陆俊曾是媒体的"宠儿"。翻阅他们过去的经历，不能说，他们不"根红苗正"；不能说，他们不"自强不息"；不能说，他们不是人才。然而，他们自己知道趟的是浑水，自己也一直告诫自己不要掉进浑水，然而他们还是掉进去了。为何？"自强不息"有余、"厚德载物"不足啊。

"自强不息"，强调的是一个人的精神追求。

"厚德载物"，关注的是一个人的品格修养。

精神追求影响一个人的气度或神态。

品格修养决定一个人的本质。

一个人，只有精神，没有品格，绝对构不成伟大、完美的人格。

反观清华的历史，有很多学长，一辈子在践行着清华的校训。

其中，有一个人，最让我感动。

他就叫叶企孙。

你或许要问："叶企孙是谁呀？"

的确，很多人都没听说过叶企孙。

我在写这书之前，也不知道。

可在我了解完叶企孙对中国的杰出贡献之后，我突然意识到，我不知道叶企孙，简直是愧对清华对我的养育之恩。毕竟，叶企孙做过新中国成立后清华大学的第一任校领导；毕竟，叶企孙，为国家做出了那么大的贡献，为清华赢得那么多的荣誉！

1999 年 9 月 18 日，中共中央、国务院、中央军委决定表彰为研制"两弹一星"做出突出贡献的 23 位科技专家并授予"两弹一星功勋奖章"。

你知道吗？其中十多位功勋，他们共同拥有一个老师——他的名字就叫叶企孙！

这十多位功勋是：王淦昌、赵九章、彭桓武、钱三强、王大珩、陈芳允、邓稼先、朱光亚、周光召、王希季等。

你知道杨振宁、李政道、钱学森、华罗庚、林家翘、钱伟长他们吗？

他们也共同拥有一个老师——叶企孙！

俗话说：见果知树。

能为中国培养出这么多国际国内顶尖科学家的人，能培养出诺贝尔奖获得者的人，一定了不得！

可就是这样一个了不得的人，我们整个社会，怎么就不知道呢？

尤其是我这个在清华大学读了6年书，又在教育部《中国教育报》做了4年记者的人，怎么就没听说过叶企孙这个伟大的名字呢？

让我们打开历史的尘封，慢慢走近一代伟人叶企孙。

叶企孙，清华大学物理系开创者，中国物理学一代宗师，著名教育家。

叶企孙的一生，就是"自强不息、厚德载物"的一生。

  叶企孙，又名鸿眷，1898年生于上海。

  1911年2月，清华学堂招生，时年不满13岁的叶企孙在父亲鼓励下，报考清华学堂并被录取，成为其第一批学生。

  1911年10月，武昌起义爆发，清华学堂停课，叶企孙回家，被迫就读于江南制造局兵工中学。1913年夏，清华学堂在上海恢复招生。他改名叶企孙，再次报考并被录取。

  叶企孙在清华读书期间，"惜光阴、习勤劳、节嗜欲、慎交友、戒烟酒"。他带头组建清华科学协会，主张"不谈宗教、不谈政治、宗旨忌远、议论忌高、切求实学、切实做事"。

  1918年，叶企孙从清华毕业，赴美国芝加哥大学学习物理，1920年获物理学学士学位。

  1923年，叶企孙获得哈佛大学哲学博士学位。

  1924年3月回到上海，4月应聘出任东南大学物理学副教授。

  1925年8月，27岁的叶企孙带着简单的行李和满脑子科学救国的思想来到清华，应聘清华大学大学物理科副教授。

1926年，清华学校大学部调整，开设国文系、历史系、物理系、生物系和数学系等。一清二白的物理系成立的第一天，只有两个教授，一个是后来成为校长的梅贻琦，另一个就是27岁的叶企孙。梅贻琦出任第一任系主任，学生有王淦昌、周同庆、施士元和钟间。随后，梅贻琦接任清华教务长，物理系主任一职便由已升为正教授的叶企孙担任。从此，叶企孙就将创建清华物理系作为自己的终生事业，他不仅着眼于教书育人，还吸取欧美名牌大学和著名科学家的经验，谋划建立中国自己的科学事业。

第一届物理系招了 4 个人，第二届物理系招了 2 个人，第三届物理系只招了 1 个人。从一年级到二年级到三年级，都是叶企孙一个人教，不是叶企孙想一个人单枪匹马干，是因为当时，清华知名度不像现在这么大，他想请人家来，人家不来。

叶企孙为了建好物理系，广延名师。

1928 年，美国芝加哥大学毕业的吴有训博士，拿着叶企孙亲手写给他的一封热情洋溢的聘书，来到清华园。

叶企孙为了表示对名师的尊重，对学校提出要求，要求把吴有训的工资定得比自己高。这件事后来传出去有人觉得不可思议：系主任请来了新教师，怎么工资比他系主任的还高？

不仅如此，1934 年，他引荐吴有训接替自己的物理系主任一职。四年后，他力主吴有训接替自己的理学院院长一职，那时叶企孙正当年。

从 1926 年到 1937 年，叶企孙先后为物理系和理学院聘来了熊庆来、吴有训、萨本栋、张子高、黄子卿、周培源、赵忠尧、任之恭等一批学者。

在叶企孙和梅贻琦校长的努力下，清华物理系大师云集、盛极一时，短短几年就成为全国物理学科研和教学的中心，那时位于清华大礼堂旁边的科学馆是全国有志于科学报国的优秀青年心目中的圣殿。

有一次，叶企孙对学生们说："我教书不好，对不住你们。可是有一点对得住你们的就是，我请来教你们的先生个个都比我强。"

叶企孙因材施教，美名远扬。这其中，当属他慧眼识人才，推荐 19 岁的李政道去美国留学，最终帮助李政道获得诺贝尔奖，最为大家津津乐道！

1945 年，西南联大物理系的吴大猷教授接到国民政府的通知，让他挑选两个学生去美国学习。

叶企孙知道这个事情以后，他就去找吴大猷。

叶企孙说："我给你推荐一个人，你看行不行。"

吴大猷问："谁啊？"

叶企孙说："李政道。"

吴大猷问："李政道大学二年级怎么可以？"

叶企孙说："就让李政道去吧，我相信他行。"

当时，叶企孙也算西南联大的领导，吴大猷就同意了。

那一年夏天，李政道到南京国民党国防部去拿钱，拿护照。一去，人家管事的人就说，啊？怎么来了个童子军。

当时李政道很年轻，19 岁，是穿了短裤去的。

如今的李政道，在回忆这段往事的时候，心里除了庆幸，更多的是感激。

更让李政道感动的是，叶企孙的侄子叶铭汉院士在收拾叶企孙遗物的时候，发现了一张保存了六十多年的考卷。上面写着答卷人的名字：李政道，分数：83 分。

向来学习很优异的李政道，怎么只考了 83 分呢？

原来，这份试卷分理论部分和实验部分。理论部分占 60 分，实验部分占 40 分。理论部分李政道得了 58 分，实验部分李政道只得了 25 分。实验得分少的原因是因为李政道在做实验的时候，不小心把珍贵的电流计的悬丝弄断了，当时管实验的老师很心痛，所以给的分数就很低，仅仅及格。

有一天，叶企孙找到李政道。他对李政道说，怎么你看的参考书不是我指定的？你看的书比我指定的书水平高很多嘛！以后，你不必上我的课，期终参加考试就可以了，但是，实验你一定要做，实验很重要。

因为总是拿满分而在学校小有名气的李政道，把叶企孙老师跟自己讲的话，深深地记在自己的心里。

20 世纪 30 年代，叶企孙曾负责清华招考留美公费生事务。"九一八事变"后，国家需要培养航空人才，叶企孙利用自己主持招考公费留学生之机遇，在 1933 年第一届招考学生名额中特设飞机制造专业。1934 年毕业于上海交通大学机械工程系的钱学森考上了飞机制造专业，在叶企孙的安排下，原本学铁道工程的钱学森到美国跟随国际航空领域最权威的专家冯·卡门教授学习，后来，钱学森成为火箭技术和空气动力学世界一流专家，被人们称之为"中国导弹之父"。

1934 年，叶企孙还指引当时清华物理系学生赵九章转入高空气象学领域，希望他将数学和物理理论及方法引入气象学研究，后来，赵九章成为中国人造卫星事业的倡导者和奠基人之一。

北京解放前夕，蒋介石派了一架飞机来接北大和清华的教授去台湾。其中点名要接走的有北大的校长胡适、清华的校长梅贻琦，还有清华第二号人物叶企孙。

梅贻琦校长拿到了蒋介石派人秘密送来的机票，他选择离开清华，去了台湾；叶企孙拿到了蒋介石派人秘密送来的机票，他选择留了下来。他一贯相信教育救国，他朴素的想法就是："我相信共产党也是要办学的。"

1952 年，高等院校进行了一场全国性的改革，清华大学在这次调整中只保留了工学院，其余学院全部并入北京大学。

叶企孙第一个走出清华西校门，穿过马路，去北京大学报到。

叶企孙从掌握实际权力的校务委员会主任变成了普通教授。在一般人看来，叶企孙，没有太大的变化。心爱的书都搬过来了，自己仍然还是单身。每天有一大帮孩子到家里来，和他聊天、讨论。大家从没听叶企孙说过，我在清华是校长，在这里什么也没有。他依然还是一边教学生，一边在做学问。

1967 年初，北大突然贴出大字报，说叶企孙是陈立夫特务系统的特务。

1968 年，70 岁的叶企孙因为莫须有的罪名，被捕入狱。

他在狱中呆了一年半。

每次提审，他说的话，概括起来，其实只有一句："我是科学家，我是老实的，我不说假话。"

1969 年，因证据不足，他获释回到北大，住在家属楼里一套三间房中的一间，但仍然由红卫兵组织隔离审查，每月只有 50 元生活费。

这时他疾病缠身：两脚肿胀、前列腺肥大、小便失禁，只好日夜坐在一张旧藤椅上，读点儿古典诗词或历史书打发时光。

他开始出现幻听，总以为有电台在监视他，他一喝茶，电台就说他喝茶不对；他刚一走出家门，电台就叫他马上回去。

他的侄子看着他，甚觉悲哀。侄子说："你是学物理的，你知道电波透不过墙，根本没有这种事，是幻觉。"

叶企孙说："有，是你耳朵聋，听不见。"

此时的叶企孙，多和疾病缠于一身，双腿肿胀难以站立，整个身子已弓成九十度。

当时中关村一带，有不少人都见过他。有时他穿着一双帮裂头缺的破棉鞋，到一家小摊上，向摊主伸手索要一两个小苹果，边走边嚼。

如果遇到学生模样的人，他伸手说："你有钱给我几个。"所求不过三五元而已。

有一次，钱三强在中关村的马路上碰到他。一看到老师，钱三强就马上跑过去跟先生打招呼，表示关怀。叶企孙一看到他来了，马上就说："你赶快离开我，赶快躲开，以后你见到我，再也不要理我了，躲我远远的。"

钱三强深知老师的用意。老师是在保护自己啊！老师生怕自己因此也遭到不幸啊！

他的侄子说他从没对任何人讲过自己的悲惨，"他的看法好像是世界上和历史上冤枉的事情很多，没有必要感叹自己的人生"。

1977 年 1 月 13 日，叶企孙含冤而逝。

在生命的尽头，有学生去看他，他取出《宋书》来，翻到范晔写的《狱中与甥侄书》中的一段：

> 吾狂衅覆灭，岂复可言，汝等皆当以罪人弃之，然平生行已在怀，犹应可寻……

这段话什么意思？

这段话的意思是说，我因为疏狂放肆而终遭杀身之祸，这还有什么可说的呢，你们都应当把我当成罪人遗弃。但我自己这一辈什么情况，我自己心里清楚……

1987 年 2 月 26 日，《人民日报》刊发《深切怀念叶企孙教授》，叶企孙彻底平反。

秘诀之二　行胜于言

外界普遍反映清华人务实。

清华人务实的品质是怎么形成的？

告诉你，在清华大学大礼堂前，有一块大大的草坪。草坪南端正中间位置，立有一个日晷，上面写着"行胜于言"。

这四个字，警醒着每一个清华人，多做实事，少说空话，从我做起，从现在做起。

行胜于言，行成于思。

梁启超先生鼓励清华学子"自强不息、厚德载物"，他自己就是这方面的楷模。

梁先生是如何践行自己所说的？

很多人可能都不知道梁先生是如何去世的。

自称可以活到80岁的梁启超，57岁就告别了人世。

他的死有生活习惯不良、常年糟蹋身体的过错，有多种病痛的折磨，有亲人故友辞世的刺激，也有不甘心"过老太爷生活"、不遵医嘱好好休养的缘故。

但除此之外，还有一个非常重要的原因，那就是协和医院的误诊。

事情还得追溯到1926年的3月，当时协和医生查后确定病源在左肾，鉴于梁启超的知名度，协和医院指派著名的外科教授刘博士来做这项肾切除手术。梁先生被推进手术室后，值班护士就用碘在肚皮上标位置，结果标错了地方，标在了右肾。刘博士没有仔细核对挂在手术台旁边的X线片就动了手术，结果把健康的右肾切掉了，有病的左肾反而没切。这个悲惨的错误在手术之后立刻就发现了，但由于攸关协和医院的声誉，被当成"最高机密"归档。

世上哪有不透风的墙，5月9日，著名文人陈西滢在《现代评论》上撰文质疑协和医生：

> 腹部剖开之后，医生们在右肾上并没有发现肿物或何种毛病。你

以为他们自己承认错误了吗？不然，他们也相信自己的推断万不会错的，虽然事实给了他们一相反的证明。他们还是把右肾割下了！可是梁先生的尿血并没有好。他们忽然又发现毛病在牙内了，因此一连拔去了七个牙。可是尿血症仍没有好。他们又说毛病在饮食，又把病人一连饿了好几天。可是他的尿血症还是没有好！医生们于是说了，他们找不出原因来！他们又说了，这病是没有什么要紧的！为了这没什么要紧的病，割去了一个腰子，拔去了七个牙，饿得精疲力竭，究竟是怎样一回事？

陈西滢的文章一经刊出，社会舆论哗然，大家纷纷谴责"西医就是拿病人当试验品"，西医立刻成为众矢之的。当时附和陈西滢的人非常多，其中最有力的支持者，便是梁启超的学生、大文豪徐志摩。徐志摩以《我们病了怎么办》为题，在《晨报副刊》上声援陈西滢。梁启超的弟弟梁仲策对西医也颇有微词。

梁启超是西医坚定的支持者，当反对西医的声音甚嚣尘上时，犹在病床上的梁启超发表了《我的病与协和医院》，公开为西医辩护，希望人们不要为了个别病例误诊而全面否定西医的科学性。

梁启超终生笃信科学，他为西医辩护，便是为科学辩护。梁启超说：

"我们不能因为现代人科学智识还幼稚，便根本怀疑到科学这样东西。即如我这点小小的病，虽然诊查的结果不如医生所预期，也许不过偶然例外。至于诊病应该用这种严密的检查，不能像中国那些'阴阳五行'的瞎猜，这是毫无比较的余地的。我盼望社会上，别要借我这回病为口实，生出一种反动的怪论，为中国医学前途进步之障碍——这是我发表这篇短文章的微意。"

梁先生责己甚厚，责人甚轻，他不希望别人以他的病为借口，阻碍西医在中国的发展。这是一种什么样的境界啊！

清华之所以为清华，一定是一个个清华人用他们伟大的人格所写就。

"行胜于言"，已经成为每个清华人的座右铭。

清华国学研究院1928届毕业生刘节也是这方面的典范。

刘节，浙江嘉兴人，一生致力于先秦古史、先秦诸子思想、史学史的教学和研究工作。历任南开大学、中山大学教授。

大学毕业后刘节考入清华大学国学研究院，师从王国维、梁启超和有"教授中的教授"之美誉的陈寅恪。

受大师们的影响，刘节视德为做人为学之本，把追求学问与真理看作是自己的第二生命。

他常说："历史学家要有很强的自信力……不要因为一时的风浪而动摇不定。"

他是这样说，也是这样做的。

20世纪50年代前期全国大批特批胡适之际，刘节逆流而上，公开表示，"批胡适搞坏了学风，百年后自有定论。""批判胡适也就是批判四十岁以上的人。"

刘节在学术上始终肯定孔子。1962年，他在济南"纪念孔子逝世二千一百四十年学术讨论会"上发言，肯定孔子思想，并反对机械地将阶级斗争理论运用于古代史研究；1974年1月，全国开展批林批孔运动，中大哲学系杨荣国因反孔批儒而红极一时。有一次杨氏对刘节称"儒法斗争贯通中国思想史"，刘节当即回答"不敢苟同"。故论者有谓："在这场全国的群众性大批判运动中，敢冒天下之大不韪始终坚持肯定孔子的知名学者在全中国可能只有两人，一位是以当代新儒家而闻名著世的梁漱溟先生，一位就是刘节先生。"

可见，刘节在孔子问题上，能忠诚于个人的学术认识及信仰，其道德勇气，不亚于世人盛称的梁漱溟。他们对孔子的评价是否正确，姑且不论，但他们决不曲学以阿世，则完全体现了学者的操守。

在"文革"期间，刘节坚守自己做人的准则："我相信为学同做人当相一致，二者之中如果有了矛盾，必定是其中有一方面的信仰发生动摇。……假定有一种势力要打破我的信仰，使我不能安静为学，我当然要抵抗。做人为学已40年了，心中光明，对于做人为学的兴味如泉之始涌，设若有一种势力要阻碍我的志向，使我不能如愿以偿，我当然要拿出毅力来。要知道人格同学问是一致的，决没有学问好而人格有亏的伟人。假定有这样的人，我们来仔细考查他的学问，其中必定有欺人之谈。因为他心中根本是不光明。凡是不光明即是无力的表现，学问的好坏全在他的力之强弱上。为学同做人能打成一片，这样的学问才不仅是为谋生的职业，而是造次必于是、颠沛必于是的真生活。"

1967年底，红卫兵要抬陈寅恪先生去大礼堂批斗，陈夫人知道虚弱的陈先生要是真的被拉出去，可能就很难保命回家了，于是她出面阻止，但被造反派狠狠地推倒在地。当时，刘节站出来代替老师去挨斗。批斗会上，"小将"们对刘节轮番辱骂、殴打，之后又问刘节有何感想，刘节昂起头，答："我能代替老师挨批斗，感到很光荣！"结果得到红卫兵们更加猛烈密集的拳头。此时刘节也已是66岁的老人了。

亲其师，方会信其道。陈寅恪是以古代书院的精神授课的，师生之间以学问道义相期。他秉持的教学原则只是八个字："自由思想，独立精神"。身上找不到这种精髓的，陈寅恪便不承认是自己的学生。刘节之情意、之铁骨，与恩师陈寅恪的血脉相传密不可分。

我们有理由说，刘节正是其恩师倡导的"自由思想，独立精神"的最有力践行者，也是其恩师身上之道义的忠诚传承者。

秘诀之三　为祖国健康工作 50 年

可能没有一个高校像清华那样注重学生的身体健康。

我在清华读书的时候，每天下午 4 时半，挂在电线杆上、树上的大喇叭就响了：

"同学们，现在是课外锻炼时间。走出教室、走出宿舍，去参加体育锻炼，保持强健的体魄，争取至少为祖国健康地工作 50 年。"

于是，所有的清华同学都纷纷走出教室、走出图书馆、走出宿舍，来到各个运动场，有跑步的、有踢球的、有打球的。很多同学甚至长跑到颐和园、圆明园。

这一幕，连同"为祖国健康工作 50 年"，深深烙印在我脑海里。

"为祖国健康工作 50 年"是怎么提出的？

1957 年 11 月 29 日晚，蒋南翔校长在全校体育干部会上发表讲话。

他指着一位长者问大家："你们看，马老今年已经 76 岁了，还是面红身健。我们每个同学要争取毕业后工作 50 年。因为年纪越大，知识、经验也就越丰富。老年应当是收获的季节，但有的人却未老先衰。因此要想在老年丰收，就必须在青年时代播种。"

这位长者叫马约翰，1914 年到清华任教。刚来清华时他教化学，为了使出国的学生身体像样一点、不至于被称为"东亚病夫"，毅然改教体育。1957 年，马约翰担任学校体育教研组主任，兼中华全国体育总会主席，中国奥林匹克委员会主席。

1964 年 1 月，学校召开大会庆祝马约翰先生在清华工作 50 年，蒋南翔校长谈道："把身体锻炼好，以便向马约翰先生看齐，同马约翰先生竞赛，争取至少为祖国健康地工作 50 年！"从此，"争取至少为祖国健康地工作 50 年"作为一个完整的口号，成为清华人的奋斗目标，鼓舞着师生始终坚持体育锻炼。

马约翰先生学高为师，身正为范。他主抓清华体育，自己身先士卒。可以说，没有马约翰先生，就没有今天清华优秀的体育传统；没有马约翰先生，就没有"为祖国健康工作 50 年"这句口号。

为什么马约翰先生这么重视体育？他持什么样的体育理念？

马先生认为，"体育是养成完整人格的最好工具"。他说：

"体育对人教育的迁移价值，就是体魄与人格的并重，体育不只是对身体素质的培养，更重要的是对人格的培养，因此体育教育是学校教育的一个很重要的载体。有很多内容可以通过体育教育来体现和实施。"

首先，体育运动能培养学生一种坚持到底、决不放弃的精神。学校重视体育对人全面发展的作用，特别强调体育文明，注重体育道德风尚。马约翰先生常说"Fight to the finish and never give in"（坚持到底，绝不放弃）和"Sportsmanship"（体育家道德），强调"球可以输，运动道德不能输""不许踢人、压人、打人"。体育往往能够帮人树立一个目标、坚定一种意志、保持一种信念和信心、塑造一种锲而不舍的精神。

其次，体育能够培养团队精神。

再次，体育能够培养学生对规则的尊重和遵守。尊重规则、遵守规则，这是对制度和纪律的一种认同，通过体育学会尊重裁判、对手、观众，通过遵守公平竞赛的道德准则培养人诚实的品质。改革开放以后，清华在体育比赛中始终强调"三不"原则——不做假、不吃"药"（即不服用兴奋剂）、不点钱，坚持把体育的育人功能放在首位。

最后，体育有助于形成良好的精神状态。清华要培养既要干活好又要精神状态好的学生，精神状态在一定程度上可以通过体育来培养。

体育对人的一生都有影响，要把体育运动内化为一种生活方式，这也是现代生活的一种表现。热爱体育锻炼，促进身心健康，进行人格培养。要形成对健康的广义理解，在新的历史条件下按照"争取至少为祖国健康地工作 50 年"的时代意义全面育人、全过程育人。

马约翰先生的体育理念，富有深刻内涵。清华大学陈伟强、刘胜杰曾撰文指出：

> 马约翰先生的体育思想，注重以人为本。
>
> 马先生早年就读的圣约翰大学是一所教会学校，这也使马先生在宗教信仰上受到了基督教的深刻影响。基督教中对于人本身的重视在马先生的体育思想中都得以体现。
>
> 马先生的体育思想既关注学生，也关注教师。对于学生，马先生重视体育对人的'心身改造'的作用，强调对于完善学生来讲的体育所具有的价值和功用。对于教师，马先生重视体育教师是体育教学活动中的指导者。要想体育活动取得良好的效果，教师这一方"人"的因素也是格外需要重视的。
>
> 体育教师身上承担着对于学生强身健心的职责，本身的任务是光荣而神圣的。由于现代体育刚刚引进我国时多由一些军队士兵担任"兵操"的教员，在那个时代，他们本身的陋习以及低劣的形象造成了整个社会对于体育教师的较低评价，在整个学校里面，就连体育教师本身也觉得自己低人一等，始终在学校里抬不起头。马先生充分认识到体育教师在培养健全身心学生的过程中光荣而神圣的职责，强调体育教师一定要重视自身形象，要想得到别人的重视，首先自己要对自己足够重视。

马约翰先生的体育思想，尊重自然，循序有度。

事物本身都是有着内在规律的。体育锻炼是立足于人的生理与心理机能本身的，马先生始终认为："锻炼是个长期的过程，不是随便凭一时的高兴就可以收效的。因此，我们锻炼身体要经常化。"

他本人不仅少年、青壮年天天活动，日日健身，就是到晚年，也仍一直严格执行着自定的一整套作息时间。早晨 6 时必须起床，先做一套徒手体操，然后从容地打一套太极拳、太极剑。上午工作两小时，课间操时去体育馆练拉力。下午 4 时后，他利用到操场指导同学锻炼的机会，又做各种适当的运动，有时去打羽毛球、网球等。上下班骑自行车，则是他健身方法之一。晚上睡觉前，也有几分钟调节身心的散步活动。

马约翰先生的体育思想，崇尚科学，勇于创新。

科学是体育的基础。1904 年马先生在上海圣约翰大学学医时，他就开始探讨体育与医学的关系，探讨其科学的统一。应聘到清华学校后，他进行了"中学生的身体发育与身体锻炼的关系"和"体育运动对神经系统机能的作用"等课题的科学研究。他对于体育的目的、体育的方针、体育的原理、体育的组织机构、体育的人才培养、体育的教学与训练、体育的科学研究以及体育对于人格的培养和对于社会的作用等许多问题，都有着科学的理论，其观点深刻鲜明，论理精透。

马先生在体育教研部工作时，一方面培养出了享誉全国乃至远东的优秀运动员；另一方面一再号召广大青年学生"动！动！动！"使学生们积极自觉地参加体育锻炼，为国健身。几十年来，这一传承在清华得到了良好的体现与发扬。

对于清华来讲，体育有着特殊的意义。与其说体育是一门课程，不如说是一种信仰、一种习惯、一种校风和传统。

50 年对一个人来讲，跨越了青年、中年和老年，为祖国健康地工作 50 年，就是要在人生热情最高涨、精力最充沛、经验最丰富的各个阶段为社会做出贡献。

忽然想起，早在 20 世纪 70 年代末，蒋南翔同志担任教育部长的时候说的一段话：

"我们常说不能误人子弟，既不能误人家孩子的学习，也包括不能误人家孩子的身体，这就是教育工作者的责任。"

斯言信哉！

秘诀之四　又红又专　全面发展

清华大学建校 100 年来，有两位校长对清华贡献最大，一位是梅贻琦，另一位是蒋南翔。

梅贻琦大家已经了解，现在我来说说蒋南翔。

蒋南翔（1913—1988），江苏宜兴人。

1932 年考入清华大学中文系，翌年加入中国共产党。

1935 年担任清华大学共青团书记，后任地下党支部书记，是"一二·九"运动的重要领导人之一，"华北之大，已经安放不得一张平静的书桌了"就是他提出的。

1941 年到延安，任中国共产党中央青年委员会委员、青年委员会宣传部长。

1949 年当选为新民主主义青年团中央副书记。

1952—1966 年出任清华大学校长，1956—1966 年兼任清华大学党委书记。

1977 年后任国家科学委员会副主任、教育部部长、中央党校第一副校长等职。

翻看蒋南翔的履历，不难看出，他是我党精心培养出来的干部。

自然，他的教育追求，始终围绕着党需要什么样的人才、国家建设需要什么样的人才全面展开。

1958 年，毛泽东根据当时国内形势的发展，提出："红与专、政治与业务的关系，是两个对立物的统一。一定要批判不问政治的倾向。一方面要反对空头政治家，另一方面要反对迷失方向的实际家。政治和经济的统一，政治和技术的统一，这是毫无疑义的，年年如此，永远如此。这就是又红又专。"

1962 年 9 月，在新生欢迎大会上，蒋南翔指出：

"在学校期间同学们要把主要时间和精力用在业务学习上。"

"一个人的成就和他对社会的贡献，不只取决于他的业务能力，政治上往往成为更重要的决定因素。政治是解决方向问题，方向不对头，就达不到目的。就像从北京去广州不能向北，从清华去天安门不能向颐和园、西山那边走，所以方向搞错了，就会'南辕北辙'，愈去愈远。方向很重要，不仅现在这样，而且历史上从来就如此，历史上可以找到对比。宋朝有一个大奸臣秦桧，还有一个大忠臣文天祥。文天祥是个状元，秦桧也是个状元，宋史上说秦桧'词学并茂'，但由于政治操守不同，秦桧做了卖国贼，害了岳飞。而文天祥在南宋末年，元人入侵时，率师抗御，表现了中华民族的英雄气质，慷慨就义。……一个人的成就对社会主义、对国家、对人民的贡献，政治因素在某种情况下起决定的因素。"

"当然，在政治上要解决世界观的问题、政治方向的问题、集体主义精神的问题，这些都是长时间的基本课题，不是一朝一夕就能建立起来的。

我们不能操之过急，不能要求过高，否则就会走到反面。"

"我们要到天安门这个目标，监控方向是必要的条件，但是你更多的时间要去走路。有了方向，还要走路，然后你才能到达天安门。"

什么是"红"？什么是"专"？

顾名思义，"红"是指政治成熟，"专"是指业务熟练。

它们之间的关系如何拿捏？

据说，那一阵子，有的同学拿捏不好这个关系，吓得不敢看业务书，怕被说成在走"白专道路"；有的同学，在图书馆看业务书时，还要把《红旗》杂志盖在上面；有的同学想当爱因斯坦，其他同学马上站起来批判。

针对这种情况，蒋南翔说："千万不能这样，清华如果能出'爱因斯坦'，那是清华的光荣。只红不专或先红后专也不对，学校应该着重反对这种情况。"

蒋南翔还指出，不能把学生都培养成"像一个模子里铸出来的一样"。为了让学生有特点、有特长，清华通过建立三支代表队，即政治辅导员、科学登山队以及文艺体育代表队，培养学生向着又红又专、全面发展的目标前进。

蒋南翔还提出"两个拥护、一个服从"和"上三层楼"的思想。

"两个拥护"是指拥护党的领导、拥护社会主义。"

"一个服从"是指服从分配。"

"上三层楼"是指，第一层楼是爱国主义，即爱我们伟大的中华人民共和国；第二层楼是社会主义，即愿意为社会主义服务，拥护社会主义制度；第三层楼是树立共产主义世界观。

蒋南翔非常重视教师队伍建设。他认为办大学必须有一批大师，而办好社会主义大学，必须有一批"又红又专"的大师。"学生的思想品德和学习质量怎样，同教师的思想觉悟、业务水平直接有关。"

新中国成立初期，清华的教师主要由新、老两部分组成。老教师大多在业务上有较高的成就，新教师大多为新留校的党团员。针对新、老教师的不同特点，蒋南翔提出"争取团结百分之百的教师""各按步伐，共同前进"和"两种人会师"的主张。

清华的老教师，是清华的宝贝。蒋南翔提出要帮助他们在政治上不断追求进步，提高思想觉悟。吸收老教师入党，也是蒋南翔最先开创的。1955年他亲自介绍我国工程教育的老前辈刘仙洲教授入党，并为此发表《共产党是先进科学家的光荣归宿》一文，在知识界和教育界引起了强烈的反响。此后，张光斗、张子高、张维、梁思成等30多位知名教师陆续入党，成为"又红又专"的典范。

清华大学不仅提倡"又红又专"，而且提出了"双肩挑"。

所谓"双肩挑"，就是两个肩膀挑担子，一肩挑学生政治思想工作，一肩挑业务学习。

清华的做法是：抽调品学兼优的高年级学生担任政治辅导员，一边学习，一边工作，在工作中把他们培养成为具有较高业务水平和较强工作能力的人才。蒋南翔认为，年轻时做些思想政治工作，学些马列主义理论，将对终生有益。

经过几年的努力，清华大学形成了一支新老结合、又红又专的教师队伍和"双肩挑"的干部队伍。

其中，65届是最具代表性的一届，原教育部部长、曾担任过清华大学党委副书记、常务副校长的何东昌感慨地说："尽管他们已经毕业了半个世纪，但是他们沿着又红又专的方向健康成长，成为检验我们五六十年代高等教育历史成果的一个典型案例。"

自20世纪90年代初以来，从中央到省、自治区、直辖市的领导岗位上，清华校友的名字频频出现，原因何在？何以"红色工程师摇篮"造就了这么多的政治人物？

无疑，由蒋南翔创立、清华历届领导班子矢志追求的"又红又专"办学理念起了决定性作用。

我有时候想，是不是在蒋南翔的潜意识里，就是要把中国的清华培养成美国的哈佛——据称，哈佛曾培养出七位美国总统，如富兰克林·罗斯福、约翰·肯尼迪、乔治·布什。

最近，看到有份材料，证实了我的判断。

2002年11月，在中国共产党第十六次全国代表大会上，中国共产党新的一届领导集体形成，胡锦涛当选为中共中央总书记。

细心一点的人会发现，当时组成中央政治局常务委员会的九人中，有四人都毕业于清华大学，他们是胡锦涛、吴邦国、黄菊和吴官正，其中有三人是在大学时入的党。

听闻消息，清华大学建筑系65届毕业生陆强脑海中立刻浮现出1965年年初那个下着大雪的午后的情景。

当时正值"社会主义教育运动"在全国农村广泛开展，陆强作为大学生参加了在河北某村的工作队，而时任高等教育部部长兼清华大学校长的蒋南翔，也在村中"蹲点"，指导工作。他常把来自清华的学生们叫到他那间小屋里聊天，气氛很轻松。

陆强在回忆文章中这样描述蒋南翔："身穿一套朴素的深蓝色中山装棉袄，脸上戴着一副黑边框的近视眼镜，和蔼可亲，平易近人，除了脸上稍显白净外，就像一个普通干部，一点没有'大干部'的架子。"

那天午后的谈话让陆强印象最深。蒋南翔说："有一句口号，说'清华是培养红色工程师的摇篮'，这句话是不全面的。应当说，我们不仅是培养红色工程师的，我们还是培养党和人民各项事业的接班人的，包括将来党和国家的领导人也将在你们当中产生……"

我从不认为，学生毕业，做个官就叫成功。

我更不认为，哪个学校毕业生当官的多就叫这个学校办得好。

我只是感到，教育这个东西非常神奇。你播种什么，你就收获什么。

什么样的校长、什么样的办学理念、什么样的人才标准，必将铸就学生什么样的未来。

梅贻琦播下"通识教育"，收获了那么多科学家、文学家、艺术家。

蒋南翔播下"又红又专"，收获了那么多治学大师、兴业英才和治国栋梁。

梅贻琦与蒋南翔，各领风骚十几年，他们都是清华的骄傲，他们都是时代的弄潮儿。

梅贻琦值得人们怀念，是因为他的"通识教育"理想得到实现。

蒋南翔值得人们怀念，是因为他的"又红又专"追求修得正果。

撇开历史，去简单地评价一个人，既不公平，也毫无意义。

清华迎来 100 周年校庆。

新百年，新清华。

在新的历史条件下，"又红又专"的教育理念如何与时俱进，不断超越？

这是每个清华人必须直面回答的一个问题。

秘诀之五 爱国奉献 追求卓越

清华鲜为人知的身世，注定清华人明耻、爱国。

爱国奉献、追求卓越，慢慢成为清华人的第一精神诉求。

这种精神诉求，清华历经一百年的风雨洗礼，从来没有动摇过！

这种精神诉求，清华历经一百年的学生更替，也从来没有断层过！

1919年5月4日，北京城内学生举行反帝爱国示威大游行，32名学生被捕。消息传来，群情激奋。高等科二年级学生闻一多连夜抄录了岳飞的《满江红》词："怒发冲冠，凭栏处，潇潇雨歇。抬望眼，仰天长啸，壮怀激烈。……待从头收拾旧山河，朝天阙。"贴在高等科饭厅门口，表示收复失地的决心，爱国热情在清华园里涌动。

5月5日，北京各校举行罢课，清华也沸腾起来。当日晚7时半，在体育馆前首次召开清华全体学生大会。大会决定从5月6日起全校罢课，毕业班同学则提出："山东问题一日不解决，则我们一日不出洋！"

5月9日，清华在体育馆举行了"国耻纪念会"。会上决议通电巴黎，要求中国代表拒绝在和约上签字，并庄严宣誓："口血未干，丹诚难泯，言犹在耳，忠岂忘心。中华民国八年五月九日，清华学校学生，从今以后，愿牺牲生命以保护中华民国人民、土地、主权，此誓。"

6月3日，有100余名清华同学进城演讲，被捕达40余人。

6月4日，进城演讲人数增至160余人，被捕者近100人。但同学们毫不畏惧。

6月5日，清华几乎所有在校学生都进城宣传，而且每人都随身携带了毛巾牙刷，准备被捕坐牢。当日，军警封锁城门阻止学生进城，清华学生不为所屈，回校取来帐篷就地宿营准备抗争到底。

6月7日，政府代表被迫道歉。

6月8日，各校被捕学生在回校前，又在中华门、总统府等地举行游行示威，受到成千上万市民的欢迎。清华还派了代表和军乐队前往欢迎被捕同学胜利返校。

6月9日晚，全校举行了联欢会，庆祝斗争的胜利。

6月10日，北洋政府被迫宣布"批准"亲日派汉奸曹汝霖、章宗祥、陆宗舆"辞职"。

1935年，日本策动华北独立。"一二·九"运动前夕，蒋南翔起草《清华大学救国会告全国民众书》时，痛陈华北危机，大声疾呼："华北之大，已经安放不得一张平静的书桌了！"这一愤怒呐喊，唤起全国爱国学生奋起抗日救亡。

1946年7月15日，在李公朴追悼会上，清华大学教授闻一多慷慨激昂："今天，这里有没有特务？你站出来！是好汉的站出来！特务们，你们想想，你们还有几天？真理是一定胜利的。反动派的末日，就是我们的光明！……我们要准备像李先生一样，前脚跨出大门，后脚就不准备再跨进大门！"在演讲完回家的路上，闻一多被国民党特务暗杀。至今，闻一多的诗和他的雕像仍留在清华人的身边。

1948年，朱自清、吴晗等一批清华大学教授，为反对美国政府的扶日政策，为抗议上海美国总领事馆卡宝德和美国驻华大使司徒雷登对中国人的诬蔑和侮辱，为表示中国人民的尊严和气节，他们断然拒绝美国具有收买灵魂性质的一切施舍物资，无论是购买的或是给予的。毛主席在名篇《别了，司徒雷登》一文中说："朱自清一身重病，宁可饿死，不领美国的救济粮。"

……

这就是清华人。

清华人爱自己的国家，就像爱自己的父母一样，没有为什么！

清华人深深懂得，国家花了那么多钱培养自己，如果有一天国家需要自己，义不容辞。

如果国家的这个需要可能会牺牲自己的生命，清华人，也毫不动摇。

清华人的思维是：我不去，谁去？

这就是或许在很多人看来有点儿"傻"、有些"迂腐"、不合时宜的清华人。

清华自建校以来，共培养学生 17 万多人。

如果你要问我，在清华毕业的这么多学生当中，"爱国奉献、追求卓越"谁是典型，我首推"核弹先驱"王淦昌。

王淦昌，1907 年 5 月 28 日出生在江苏常熟县枫塘湾，1925 年考进清华学校物理系，师从中国近代物理学先驱叶企孙、吴有训。

1926 年 3 月 18 日，北京多所高校学生和群众为抗议日本侵略罪行一起上街游行，却遭到了反动政府的大屠杀，这就是震惊中外的"三一八"惨案。当时，王淦昌也在游行的队伍中，他目睹了身边同学惨遭杀戮，义愤之情久久难以平复。

他找到老师叶企孙倾诉，叶先生告诉他："归根结底是因为我们国家太落后了，如果我们像历史上汉朝、唐朝那样先进、那样强大，谁敢欺侮我们呢？要想我们的国家强盛，必须发展科技教育，我们重任在肩啊！"这句话有如醍醐灌顶，让他牢记心间。

1930 年，王淦昌考取了德国柏林大学，师从著名核物理学家莱斯·梅特纳，他是这位女科学家唯一的中国学生。

1934 年春，在苦学 4 年取得博士学位后，他毅然决定回国。

"中国那么落后，你回去是没有前途的。……要知道科学是没有国界的。"有人委婉劝他。

他坚定地说："科学虽然没有国界，但科学家是有祖国的！我出来留学的目的就是为了更好地报效我的祖国，中国目前是落后，但她会强盛起来的。"

1961 年 3 月的一天，王淦昌迈着稳重的脚步，走进国家二机部部长办公室。

部长刘杰和副部长兼中国原子能研究所所长钱三强在等他。

"王教授，我们今天请你来，是想请你参与和领导研制原子弹。"刘杰开门见山，"现在有人卡我们，说我们离开他们的援助，10 年、20 年也休想制造出原子弹来！因此我们要为祖国争一口气……"

听到要制造中国的原子弹，王淦昌心头翻滚着半个世纪的风云，一幕幕难忘的图像在他脑海闪现："三一八"惨案中烈士殷红的血；叶企孙、吴有训教授的教诲……

王淦昌怔怔地听着，他明白中央领导和周恩来总理对自己的器重，也明白祖国已经把这副沉重的担子压在了他的肩上。他的嘴唇嗫嚅，半晌才迸出积压在心头多年的一句话："我愿以身许国！"

从此，中国核武器研究攻坚战的行列里，多了一个化名"王京"的组织者和领导者，他和上万名技术人员一起，在核武器研制基地隐姓埋名，奋斗了 17 年。

有一个阶段，王淦昌带着许多年轻人天天与炸药、雷管打交道。起初，试验用的"碉堡"尚未修成，他们就用沙袋围起来做试验。长城外的风沙弥漫在昏黄的天空。站在野地上，常常一次试验没做完，汗水与沙土就黏胶在一起了，每个人都成了泥人、沙人……

王淦昌毫无怨言，他充分理解祖国对他的信任，他知道：这是在研制祖国的"争气弹"，不仅显示国家的实力，更主要的是要让外国人看到，具有 5000 年文明史的中国人并不比外国人傻，外国人能干的事，中国人也同样能干！

第一颗原子弹爆炸前，组织上送疲劳过度的王淦昌去广东从化温泉疗养，时间是一个月。一天午饭后，他散步遇见素有儒将风度的陈毅元帅。

陈毅元帅同他并肩而行，一面走，一面把手攥成拳形，又忽然放开来，问王淦昌："你们这玩意儿什么时候造出来？"

"快啦！"王淦昌点点头说。

"明年行不行？"陈毅元帅急切地问道。

"再过一年差不多啦！"

"噢！"陈毅元帅松了一口气，"你们那个东西响了，我的外交部长也好当了！"

1964 年 10 月 15 日下午 3 时，惊天动地的蘑菇云腾空而起，中国第一颗原子弹爆炸成功。

中国向世界庄严宣告，美苏两个超级大国的核垄断和核讹诈彻底破产。

在完成研制原子弹的任务之后，王淦昌很快便加入氢弹研制的攻关之中。两年之后，我国第一颗氢弹爆炸成功。

从原子弹到氢弹，美国用了 7 年零 4 个月，苏联用了 4 年，英国用了 4 年零 7 个月，法国用了 8 年零 6 个月，而中国仅用了 2 年零 8 个月！

王淦昌，用自己的一生诠释着什么叫爱国奉献，什么叫追求卓越！

第四章　今天，我们向清华学什么

　　了解了清华大学人才辈出的五大秘诀，亲爱的家长，我们向清华学什么？

　　在回答这个问题之前，我想先谈谈关于学习的学习。

　　人这一辈子，免不了要跟别人学习。跟老师学，跟同学学；跟领导学，跟同事学；在行业内学，在行业外学；在省内学，在省外学；在国内学，在国外学……

　　学习有两种态度。

　　一种是专以挑剔的眼光，发现别人这也不如自己，那也不完善，以证明自己多厉害。这种人比较适合做研究、做评论。

　　还有一种人，目标非常明确——我就是来跟你学的——我学你好的，至于你存在的问题，我看在眼里，放在心里；你想听我的意见，我就跟你讲。我从不受害于我在跟你学习过程中发现的很多问题。谁没问题？美国很牛，美国问题最多。别人的问题不是拿来让自己受害的，别人的问题是拿来让自己警醒的。

　　所以，当我抛出"今天，我们向清华学什么"这个问题的时候，我希望，我们聚焦我们的目标，毕竟，我们不是教育评论家——我们仅仅是想通过学习清华培养人的秘诀来培养自己的孩子。

我认为，清华有几样东西是我们家长要学习的。

第一，你自己想要什么，头脑一定要清楚。

什么样的教育叫科学的教育？

如果你认为孩子会算"几千加几千等于多少""几千乘几千等于多少"就等于孩子聪敏，那么，你热衷于珠心算就毫不奇怪。

如果你认为奥数就是数学学习的珠穆朗玛峰，那么，你热衷于奥数也毫不奇怪。

如果你认为，人之初教育，尤其是幼儿教育、小学教育，孩子的习惯、性格、思维方式、身心健康更重要，那么，你把更多的精力投放到孩子这几个方面也毫不奇怪。

所以，关键的关键，是你想要什么。关键的关键，是你的教育观、人才观。

在梅贻琦眼里，什么叫大学？

梅贻琦认为大学是教化的场所，是国家文化之中心，是各种国际思潮交汇点，所以，梅贻琦认为大学的使命就是发展学术和培养人才。

关于发展学术，梅贻琦说：

"学术的造诣，是不能以数量计较的。我们要向高深研究的方向去做，必须有两个必备的条件，其一是设备，其二是教授。设备这一层比较容易办到，我们只要有钱，而且肯把钱用在这方面，就不难办到。可是教授就难了。"

而对于老师，他要求不但要能"以己之专长之特科知识为明晰讲授"，而且要为学生的"自谋修养、意志锻炼和情绪裁节"树立楷模，使"从游之学子无形中有所取法"。

关于培养人才，梅贻琦认为，要重点对学生进行"通才教育"及"全人格教育"。在他看来，大学教育，归根到底"在明明德，在新民，在止于至善"，应着眼于对学生人格（即思想、文化和修养）的全面培养，要有知、情、志三方面修养。针对当时教育"只重专才，不重通才；重实科不重文理"的严重功利倾向，指出大学阶段的培养目标是"通才"，而非"专才"。要重视各种基础课程，知识面要广，以奠定进行专、深研究的基础。主张对学生进行"智、德、体、美、群、劳"的"全人格"的教育和熏陶，以造就为国家服务实际有用的人才。

为了达到这个目标，梅贻琦不断延揽人才。"所谓大学者，非谓有大楼之谓也，有大师之谓也。"

在他的思想引领下，清华荟萃当时国内甚至世界上最杰出的师资力量办学（如陈寅恪、叶企孙、潘光旦、冯友兰、陈岱孙、维纳、冯·卡门等），先后开创了清华黄金时代和西南联大奇迹，为国家和民族培养了大量杰出的栋梁之材。

据统计，在8位诺贝尔科学奖华人获得者中，李政道、杨振宁、李远哲（新竹"清华大学"）等三位曾在清华大学学习过，而1997年诺贝尔物理学奖获得者、现任美国能源部长朱棣文之父朱汝瑾、母李静贞同是清华大学校友。

在国际上享有盛誉的数学大师陈省身、林家翘、王浩等出自清华或者西南联大。在1955—1980年中国科学院3次选出473位学部委员（院士），其中清华校友194人，占41%，1955—1957年被选为中国科学院哲学社会科学部学部委员（院士）18人，占28%；另外，在台湾的清华校友有10人入选台湾"中央研究院"院士，2人入选欧美国家科学院院士。

获得国家表彰的23名"两弹一星"功勋科学家中，钱学森、邓稼先、钱三强、王淦昌、周光召等14名出自清华，而这些人的学业基础，基本奠定于梅贻琦校长时期。

梅贻琦做清华校长的时候，他的教育追求很清楚，他不迷茫，也不随波逐流，这些非常值得我们学习。

第二，一旦知道自己要什么，一定要坚持。

社会上，包括学校内部，对当下清华争议最大的当属"又红又专"了。

蒋南翔来清华做校长的时候，正值中国社会发生着翻天覆地的变革。这种变革，从意识形态到价值取向、到组织形式……都迥异于以往。

所以，在那个时代，蒋南翔治校，提出"又红又专"是历史的必然。

自 20 世纪 80 年代，社会上出现一种思潮，质疑党的领导，质疑社会主义道路。因为这种质疑，"又红又专"遭遇挑战。

面对这种挑战，我发现历届清华领导班子态度非常坚定，他们高调重申清华就是要培养"又红又专"的人才，他们甚至把这种坚持融入清华百年校庆的徽标设计中。百年校庆的徽标以清华的代表性建筑大礼堂为设计元素，整体色彩源自大礼堂建筑的砖红色，寓意清华一直致力于培养"又红又专"人才。

任何一个教育机构，你希望你的学生未来成就什么，你今天就得为之准备什么；围绕你的目标，你坚持、坚定、坚强了，你一定有回报。

同样的道理，亲爱的家长，你在培养自己孩子的过程中，你希望你的孩子未来成就什么，你今天就得为之准备什么，围绕你的教育目标，你坚持、坚定、坚强了，你同样有所回报。

这就是我想告诉大家的。

我还想告诉大家的是，不管我们最终做什么决定，请记住，你得到了，你就失去了；你失去了，你就得到了；不管我们最终做什么决定，请记住，都有人会七嘴八舌。

这就是现实社会，这就是真实人生。你要做你真正的自己，不要太在乎别人的评判，效果比道理重要。孩子成才比纠缠某个教育方法的得与失更重要。

第三，环境育人绝不是空话。

很多清华人在回答"清华5年，到底学校给了你什么"这个问题的时候，很少有人会说自己的专业怎么着怎么着，更多说的是一种氛围的熏陶、环境的感染、榜样的力量。或许，这些汇总在一起，就叫文化的熏陶吧。

清华人最喜欢的几栋建筑是：大礼堂、清华学堂、清华园（工字厅）。

清华人最喜欢的几个景点是：二校门、日晷、闻亭、自清亭、水木清华、荒岛。

为什么喜欢？因为它们有历史，有韵味，有沉淀，有力量。它们有一种独特的美，这种美，不仅表现在形式，更表现在它那丰富的内涵。

杨振宁、华罗庚、钱学森、钱伟长、钱三强等老一辈科学家爱国奉献、追求卓越的精神，深深影响着一代代清华人。

在校老师的言传身教，也在深深影响着一代代清华人。

我常说，人这一辈子，跟谁在一起很重要。

常常有这些伟大的思想、伟大的灵魂在影响着你，感染着你，净化着你的灵魂，砥砺着你的心智，你怎么会没有激情？你怎么会没有力量？你怎么会没有智慧？

榜样的力量是无穷的，环境的教育是无形的。

亲爱的家长，你为孩子树立了什么样的榜样？你为孩子营造了什么样的环境？

第五章 走，带你一起逛清华

了解了清华的过去，了解了清华人集体性格的成因，了解了清华人才培养的五大秘诀，也了解了我们该从清华身上汲取什么，请问，此时此刻，你是否有带孩子去清华看看的冲动？

如果有，那就让我们一起逛清华吧。

你到过清华吗？如果没有，请看看《清华参观须知》。

须知一：清华在北京什么位置？

清华位于北京西北角，紧邻圆明园的东南角及北大的东北角。如果你手里有北京地图，你就在地图左上角找，你一定能找到。

北大、清华、圆明园三个地方，你想去哪一个，另两个都可捎带着去。

须知二：从外地到北京，坐什么车可以到清华？

如果你从北京站、北京南站、北京北站下车，坐地铁最方便。你只需要坐地铁到西直门站，换乘13号线地铁，在五道口站下，出口往西走600米，清华南门就在你的右手。如果你想到清华西门下车，你只需要换乘4号线地铁，在圆明园一站下车，出口往东走 600 米，清华西门就在你的正前方。

如果你从北京西站下车，从西站南广场坐 982 路公共汽车可直达清华大学西门。

须知三：清华大学是否可以随便进？

清华由于其在国人中的地位，使得大家对它有一种神秘感："清华，我可以随便进吗？"

告诉你，可以。只不过，清华毕竟是个学校，所以为了不影响清华日常的教学，清华规定：双休日、法定节假日及学校寒暑假期间的每日 8：30-16：30 对大家开放。如遇校园内有重要活动，暂停开放参观。

如果有幼儿园、学校想组团来清华参观，须提前 3-15 天网上预约（网址是 www.tsinghua.edu.cn），经审核批准后，在规定时间内按规定的参观路线步行进校参观。

须知四：清华有多大？

官方统计数字是占地 392.4 公顷（不含附属医院面积），按"1 公顷 =15 亩"计算，近 5886 亩；按"1 公顷 =1 万平方米"计算，近 392.4 万平方米。

须知五：清华有多少学生？有多少专业？已培养多少学生？

清华有 25800 多名学生，其中本科 13000 多名，硕士生 7300 多名，博士生 5500 多名。非全日制硕士研究生近 5500 名。外国留学生 2700 多名。

共有 62 个本科专业。

已培养学生 17 万。

须知六：清华有几个门？从哪个门进，参观最为合适？

有六个门。

具体是西门、西北门、西南门、南门、东门、东北门。

我建议大家从西门进比较好。另外，我建议大家去清华以徒步方式为好。

《清华参观须知》读完了吗？如果读完，那就让我们从西门进清华吧！

第一站：二校门。

从西门一直往前走，也就是往东走，大约走十分钟左右，在你的左前方，就是清华最为著名的标志性构筑物——二校门。

"二校门"是清华最早的学校大门，始建于1909年。随着校园的扩大，1933年，园墙外移，于是有了新的大门，即今之西校门。梁实秋先生在校读书时，曾对早年校门写过如下一段文字：

> 清华的校门是青砖砌的，涂着洁白的釉质，一片缟素的颜色反映着两扇虽设而常开的黑栅栏门。门前站立着一名守卫的警察。门的弯弧上镶嵌着一块大理石，石上镌刻着清那桐写的"清华园"三个擘窠大字。

二校门原为封闭式大门，即两翼伸以矮墙，东连早年的邮局，西连当年的"守卫处"。

1949年以后，为了方便交通，两面矮墙被拆去。

第二站：日晷。

从二校门位置往北走，远远便可看到清华大学的礼堂。

礼堂还未走到，首先映入眼帘的便是一大片绿草地。草地的那端，是巍峨耸立的礼堂；草地的这端，是一个极其精致的日晷。

日晷底座是用汉白玉材料制作而成的，正面镌有"行胜于言"四个大字，背面为"行胜于言"的拉丁译文"Facta Non Verba"，左侧为"庚申级立"，右侧为"Class 1920"。

第三站：清华学堂。

在日晷的右边，便是闻名遐迩的"清华学堂"了。清华学堂，1911年正式建成。"清华学堂"四字出自清末兼管学部和外务部的军机大臣那桐之手。

第四站：雕塑《悟》。

在清华学堂的南侧，有一个小山坡。坡上，有一个小雕塑，名字叫"悟"。这座雕塑，呈现的是一个人，努力挣脱出书，它在昭示我们：书，要读得进去，还要读得出来。

第五站：大礼堂。

参观完雕塑，转身往大礼堂方向走。

清华大学大礼堂坐落于校园西区的中心地带，庄严雄伟，一直被清华师生视为自己坚定、朴实、不屈不挠性格的象征。大礼堂始建于1917年9月，建成于1920年3月，设计者是美国建筑师墨菲和达纳。整个建筑设计模仿美国宾夕法尼亚大学礼堂，属于罗马式和希腊式的混合古典柱廊式建筑，是清华大学早期建筑群的核心建筑之一，与图书馆、科学馆和体育馆合称为"清华四大建筑"。

大礼堂内，高悬着一块匾额"人文日新"，警醒着清华学子，重视科学技术的同时莫忘人文修养。

第六站：图书馆。

在大礼堂的后面，就是清华大学图书馆。图书馆建筑总面积2.8万平方米，设置阅览座位2000席。大家所熟知的曹禺代表作《雷雨》，就是曹禺1933年在清华大学图书馆阅览室内写就。

第七站：闻亭。

参观完图书馆，让我们转回到礼堂的西侧。这里有一座小山，山上有一座亭子，山下有一个人物雕塑。这个人物，就是闻一多；这座亭，就叫"闻亭"。

闻亭，是为了纪念著名诗人、学者、杰出民主战士闻一多先生而设立的。闻一多塑像，飘逸深邃。远远望去，仿佛闻一多先生身着长衫，戴着圆眼镜，右手握着烟斗，坐在那里沉思，任由围巾向后飘去。在塑像后面的石碑上，有这样一句话："诗人主要的天赋是爱，爱他的祖国，爱他的人民！"

第八站：自清亭。

离开闻一多塑像，继续向西十米左右，一湾秀水瞬间映入眼帘。就在你的右边，有个亭子，名字叫"自清亭"，一看就是纪念学者、散文家、清华大学中文系原系主任朱自清的。

朱自清的散文《荷塘月色》，脍炙人口。因自清亭设于此地，很多人误以为朱先生的《荷塘月色》写的就是此地，其实不然。一会儿，我们会到《荷塘月色》所在地。

第九站：水木清华。

自清亭参观完毕，向左向前继续前行，便来到"水木清华"。

"水木清华"其实是一会儿我们要去参观的工字厅的后门。它是清华园内最引人入胜的一景。正额"水木清华"四字，庄美挺秀。四时变幻的林山，环珑着一泓秀水，荷叶点缀其中，山林之间掩映着两座典雅的古亭。

"水木清华"四字，出自晋人谢混诗："惠风荡繁囿，白云屯曾阿，寒裳顺兰止，水木湛清华。"正中朱柱上悬有清道光进士，咸、同、光三代礼部侍郎殷兆镛撰书的名联：

槛外山光，历春夏秋冬，万千变幻都非凡境；
窗中云影，任东南西北，去来澹荡洵是仙居。

站在"水木清华"跟前，向荷塘对面望去，只见一个汉白玉人体塑像端坐岸边。他一袭长衫，面容清秀，戴圆眼镜。他就是朱自清。

第十站：科学馆。

参观完"水木清华"，转身回到礼堂西侧，向右，也是向南走，在你的右边，便是科学馆。

从 1926 年物理系建系，到 1999 年新理学大楼建成，科学馆一直被作为物理系馆。

当时，首任理学院院长、人称"科学馆主"的著名物理学家叶企孙先生，聘请了熊庆来、吴有训、萨本栋、张子高、萨本铁、周培源等一大批名家大师来此设帐讲学，使清华物理系成为高水平的人才培养和科研基地。后来拥有众多英才的清华算学系（数学系）也较长时间设在科学馆，数学名家熊迪之、杨武之、赵访熊、郑桐荪、孙光远曾在此执教。加上中国物理学会成立大会暨第一届年会 1932 年在这里召开，科学馆成为全国有志于科学报国的优秀青年心目中的圣殿。

第十一站：王国维纪念碑。

有一个地方，一般去清华参观的人多半会遗漏。这个地方就是王国维纪念碑。

王国维纪念碑就在日晷的西南侧，掩映在一片山林中。

谁是王国维？

王国维 (1877—1927)，浙江海宁人。字静安、伯隅，号观堂，又号永观。清朝秀才，国学大师。1925 年，清华国学研究院正式开学，聘他任教。他与梁启超、赵元任、陈寅恪三人被尊称为清华"四导师"。他一生著作和译著甚多，其质与量在近代学者中极为罕见。1927 年 6 月 2 日，王国维在"五十之年，只欠一死，经此世变，义无再辱"的思想驱使下，自投于颐和园昆明湖。1929 年，为纪念王国维先生，设立该纪念碑。碑身高七尺，正面书"海宁王静安先生纪念碑"，背面是陈寅恪大师撰写的碑文，碑式为清华大学建筑系创始人、著名建筑学家梁思成所拟。

第十二站：工字厅。

现在大家提及清华园，往往泛指清华整个校园。其实，在清华大学整个校园中，真有一个地方就叫清华园，它一直是清华大学校长办公的地方。

离开王国维纪念碑，顺着向西的一条小道前行。走不多远，便是一座小桥。过了小桥，不到十米，就是真正意义上的清华园。

清华园，又称工字厅。为什么叫"工字厅"？那是因为园内有前后两个大殿，两殿中间以短廊相接，从空中俯视颇似一个"工"字，遂得名。清华园始建于 18 世纪，是当年清华园的主体建筑。在工字厅大门上方，悬有一块横匾，上书"清华园"三个大字，是咸丰御笔。有记载说，园内共有房屋 135 间，游廊 69 条，遍布奇花异石，"曲廊迂回，树木扶疏，青竹成荫"。

第十三站：荷塘月色亭。

出工字厅，右转，到头再右拐，走个十米，马上左拐，便来到朱自清所描写的《荷塘月色》所在地了。

曲曲折折的荷塘上面，弥望的是田田的叶子。叶子出水很高，像亭亭的舞女的裙。层层的叶子中间，零星地点缀着些白花，有袅娜地开着的，有羞涩地打着朵的；正如一粒粒的明珠，又如碧天里的星星。微风过处，送来缕缕清香，仿佛远处高楼上渺茫的歌声似的。这时候叶子与花也有一丝的颤动，像闪电般，霎时传过荷塘的那边去了。叶子本是肩并肩密密地挨着，这便宛然有了一道凝碧的波痕。叶子底下是脉脉的流水，遮住了，不能见一些颜色；而叶子却更见风致了。

月光如流水一般，静静地泻在这一片叶子和花上。薄薄的青雾浮起在荷塘里。叶子和花仿佛在牛乳中洗过一样；又像笼着轻纱的梦。

虽然是满月，天上却有一层淡淡的云，所以不能朗照；但我以为这是恰到了好处——酣眠固不可少，小睡也是别有风味的。月光是隔了树照过来的，高处丛生的灌木，落下参差的斑驳的黑影；弯弯的杨柳的稀疏的倩影，像是画在荷叶上。塘中的月色并不均匀；但光与影有着和谐的旋律，如梵婀玲上奏着的名曲。

这个美妙的地方，就叫近春园。

近春园原是清咸丰皇帝的旧居。咸丰十年即 1860 年，英法联军火烧圆明园，邻近的近春园也受到波及，园内建筑遭到劫掠，后来同治帝重修圆明园时把园内遗存建筑全部拆毁，该园从此沦为"荒岛"。1979 年，清华大学修复"荒岛"，建"近春园遗址公园"。

从岸边望去，近春园里左前方有个亭子，这个亭子就叫"荷塘月色"亭。亭内有朱自清的手迹"荷塘月色"。很难想象，没有朱自清的《荷塘月色》，近春园的魂又在哪儿呢？

第十四站：体育馆。

离开近春园，我们来到清华大学西区体育馆。该馆位于清华大学校园西北部，西大操场的西侧，是清华早期四大建筑（图书馆、体育馆、科学馆和大礼堂）之一，也是清华大学的第一个体育馆。该馆最初建成后，曾被命名为"罗斯福纪念馆"，馆外柱廊内还曾嵌有美国总统罗斯福的头像和纪念碑文，新中国成立后被作为国耻残迹彻底清除。该馆在相当长的时间里曾是国内最先进的健身房，甚至在美国大学中也不多见，清华人曾长期引以为豪。国学大师季羡林先生在《温馨的回忆》一文中曾说："在清华读过书的人，谁也不会忘记两馆，一个是体育馆，一个就是图书馆。"

第十五站：主楼。

参观完体育馆，我们便去参观清华大学主楼，这是我们清华一行的最后一站。

主楼位于二校门往东 1 公里左右。由"西主楼""东主楼"和"中央主楼"三部分组成。它们分别以四个"过街楼"联成一个整体，体态巍峨，结构坚固，总建筑面积达 76871 平方米，是新中国成立后由清华大学自行设计的建筑之一。如此庞大的建筑群，无论在当时还是现在都是首屈一指的。

参观完清华大学，你的感觉如何？

清华是有故事的，每一个角落，或许都关乎一个伟人、一个重大事件。

在参观清华的过程中，你是否发现，清华是忙碌的，学生们骑着那些快散架而吱吱作响的自行车来来往往，匆匆忙忙。

你是否还发现，清华又是宁静的，她不会因你的到来而改变她的忙碌。

欢迎你再次来清华。

FROM KINDERGARTEN
TO TSINGHUA UNIVERSITY

从幼儿 园到清华园

第一部分 | 给力幼教

从幼儿园到清华园

中国的家长，从来没有像现在这样重视幼儿教育。

很多地方，一个孩子上幼儿园的费用，已经远远超过读大学的费用，家长也在所不惜。

家长困惑——当然也是急于想弄明白的是：

面对各种幼教理论的风起云涌，面对各类幼教专家的左右支招，面对自己在教育孩子方面的知识匮乏，怎么办？

幼儿教育阶段到底要教给孩子什么？怎么教效果才好？

亲爱的家长，别急，让我们拨开迷雾，正本清源，一同走进真实、简单的幼教世界——

第六章 "3岁看大、7岁看老"的秘密

做父母的，好像谁都在说"3岁看大、7岁看老"。

这句话啥意思？

我问过很多人。似乎谁都可以就此说上两句，但鲜有人说得清楚。许多人"叨叨叨"半天之后，总是似懂非懂扔出一句："反正，幼儿教育很重要！"

我这个人特别较劲：

"到底发生了什么，居然3岁可以看大，7岁可以看老？什么叫'大'？什么叫'老'？多少叫'大'？多少叫'老'？"

按照中国人的理解，一个孩子，未满18周岁，叫未成年人；过了18周岁，叫成年人。所以，我暗自估摸着，一个人到了18岁叫"大"，应没有异议。

那"老"呢？

有言道："三十而立，四十不惑，五十知天命，六十花甲子，七十古来

稀，八十为耄耋之年。"如此说来，一个人到了 60 岁叫"老"，也应该没有太多异议。

如果大家就这个"大"、这个"老"都没有异议的话，那"3 岁看大、7 岁看老"的潜台词就是，看孩子今天 3 岁的表现，就能基本判断他到 18 岁及其以后的发展状况；看孩子 7 岁的表现，几乎就能判断他到 60 岁及其以后的发展状况。

如果我的分析大家感觉还有些道理的话，关注你孩子 0-3 岁的教育，直接决定他到 18 岁及其以后的发展状态；关注你孩子 3-7 岁的教育，直接决定他到 60 岁及其人生收官阶段怎样一个结局。

话至此，你对"3 岁看大、7 岁看老"重要性的认识是否更进了一步？

如果有，那我们做父母的，剩下的问题只有一个，那就是弄明白"3 岁看大、7 岁看老"的具体奥秘了。

关于"3 岁看大、7 岁看老"的奥秘，我查阅了很多资料，但看完后总有一种不知所云的感觉。

我喜欢单刀直入，我崇尚简单明了。

我自己也常常琢磨这个问题。我越琢磨，越觉得：习惯养成在孩子 0-7 岁这个阶段尤为重要。

关于习惯养成，有人说：

"起初是我们养成了习惯，后来是习惯造就了我们。"

还有人说：

"亲爱的家长朋友们，从小一定要好好培养你们家孩子的习惯。从小帮孩子把习惯培养好，就等同于从小帮孩子在银行里存钱了——你孩子在未来的岁月里，将享受这笔钱所带来的利息。"

这两句话，说得多好！

问题是，我们要培养孩子哪些好习惯？

我以为，要盯紧孩子以下三大习惯进行培养。

一、生活习惯；

二、学习习惯；

三、品行习惯。

谈到习惯，有一段话特别经典："播种行为，收获习惯；播种习惯，收获性格；播种性格，收获命运。"

为什么"播种习惯，收获性格"？

我仔细想了想，所谓性格，就是一个人在为人处世过程中所表现出来的心态习惯和行为习惯。所以，播种什么样的心态习惯和行为习惯，就收获什么样的性格。

又因为，"播种性格，收获命运"，所以，播种习惯，收获命运。

如果你对上述这个结论充分认可的话，那我们在孩子0-7岁这个阶段，特别注重孩子的习惯养成教育，那不就等同于在逼近一个人性格的塑造——换言之，在干预一个人的命运吗？如果真是这样的话，那我们做家长的，每天虽然忙碌，意义岂不很大？

明白了习惯养成的重要性，我们只需要解决以下三个问题就行了。

第一个问题：三大习惯之生活习惯、学习习惯、品行习惯，具体包含哪些内容？

第二个问题：上述习惯如何具体养成？

第三个问题：如果咱们的孩子已经在某些方面习惯不好，怎么办？

先解决第一个问题——三大习惯之生活习惯、学习习惯、品行习惯，具体包括哪些内容？

在阐述习惯的具体内容之前，有个故事，或许大家都已听过，但我还是再讲一遍。

故事发生在 1978 年。有 75 位诺贝尔奖获得者齐聚巴黎，共同出席某个会议。

会上，有位媒体记者问其中一位诺贝尔奖得主："在您的一生里，您认为最重要的东西是在哪所大学、哪个实验室里学到的？"

这位白发苍苍的诺贝尔奖得主平静地回答："不是在大学，也不是在实验室，是在幼儿园。"

记者有些好奇，问："为什么是在幼儿园呢？您认为您在幼儿园里学到了什么？"

诺贝尔奖得主答道："在幼儿园里，我学会了很多很多。比如，把自己的东西分一半给小伙伴们；不是自己的东西不要拿；东西要放整齐；饭前要洗手；午饭后要休息；做了错事要表示歉意；答应小朋友或别人的事要做到；学习要多思考，要仔细观察大自然。我认为，我学到的全部东西就是这些。"

所有在场的人对这位诺贝尔奖获得者的回答报以热烈的掌声。

著名的教育家叶圣陶说过："什么是教育？简单一句话，就是养成良好的习惯。"

良好的习惯包括哪些具体的习惯呢？

一、生活习惯

（一）吃饭习惯

不偏食、不挑食；多吃蔬菜、水果；吃正餐，少吃零食、糖果、冷饮；不把饭菜撒一地或一桌；不边吃边玩或让大人追着喂；多喝水；不要剩饭。

在这里，特别提醒家长，从小要关注孩子拿筷子的姿势。我发现，现在很多孩子拿筷子夹菜的姿势很难看。告诉孩子，上面的筷子用大拇指、食指和中指控制；下面的筷子要固定，只动上面的筷子，然后夹住食物即可。

在吃饭的过程中，有一些温馨提示：

遇到难夹的东西，或者大骨头一类，左手放在食物下方托着，避免在送到嘴里之前掉落；

夹起食物之后，不应该放回盘碟；

不能用筷子对着人或用餐时拿筷子指手画脚；

不能用筷子在菜盘上来回地转却又不夹菜；

不能将筷子插入一碗米或饭（这是祭祀时采用的方式）；

不要用筷子敲打碗盆（这是要饭的动作）。

（二）睡觉习惯

早睡早起：晚上 21：00 之前必须睡觉，早上 7：00 必须起床。

（三）卫生习惯

每天拉大便；便后冲马桶；每次外出回家、饭前、便后、玩耍以后等，都要用肥皂洗手；女孩则要养成小便后用卫生纸的习惯；游玩或干活以前养成解手的习惯；勤洗澡，勤剪指甲，勤理发；能独自漱口、刷牙、洗脸；给别人夹菜用公筷；不要长时间看电视，保持距离。

二、学习习惯

喜欢看书；听课认真；做事不马虎；凡事多问一个为什么。

三、品行习惯

见人打招呼，问好；离开，说"再见"；得到别人帮助要说"谢谢"；大人说话，不插嘴；做错事，要道歉；出行，见红绿灯，红灯停，绿灯行；坐公共汽车、买票时，按顺序排队；注意礼让；爱劳动，自己的事情自己做，经常帮爸爸妈妈干活；爱惜物品；不乱翻别人的东西；与伙伴友好相处，有好东西一起分享。

既然我们知道了要培养孩子什么习惯，剩下的问题，就是具体怎么培养了。

有两个关于习惯的故事，至今让我回味无穷。

故事一：

有一对父子，常年住在山上。他们每天必做的一件事，就是赶牛车下山卖柴。

老父亲很有经验，每次赶牛车下山，他都是亲自驾车，儿子坐在边上陪他。山路崎岖，弯道连连。儿子眼神好，每次遇到弯道时，他总是冲父亲吆喝一声："爹，转弯啦！"

有一次父亲因病没有下山，儿子一人赶牛车下山卖柴。到了第一个弯道，牛怎么也不肯转弯。儿子下车，又推又拉，牛一动不动；用青草诱之，依然一动不动。

这到底是怎么回事？

儿子百思不得其解。

父亲闻讯赶来，说："还是我来吧！"

儿子随口说道："爹，转弯啦！"牛应声而动。

儿子很是佩服父亲。

只是他依然纳闷：为什么父亲一来，牛就走了呢？

故事二：

有个穷人，在亚历山大图书馆发生火灾后，得到了一本关于点石成金的书。这种石头非一般石头，它属于一种奇石。这种奇石只有在黑海边才能找到。奇石外表与普通石头没什么区别，只是奇石摸起来是温暖的，而普通石头摸起来是冰凉的。为了得到这种奇石，为了改变自己的命运，穷人变卖了自己所有的家当，收拾行囊，来到黑海边，开始了寻找奇石的历程。

为了避免做无用功，穷人每次捡到石头，若发现石头是冰凉的，就把石头扔到海里。一天过去，没有捡到传说中的奇石，一个月过去了、一年过去了、两年过去了、三年过去了，还是没有捡到传说中的奇石。

穷人并不气馁。他知道，如果谁都能随便捡到奇石，那还能轮到他？

他继续捡石头、扔石头，再捡石头、再扔石头。

有一天早上，他捡起一块石头，一摸是温的，他很高兴，但不知怎么搞的，他鬼使神差随手把这块奇石扔进了海里，等他醒过味来，懊悔不已。

这两个故事看完，你学到了什么？

习惯的力量！

习惯的力量是巨大的。

习惯之始，如蛛丝；习惯之后，如绳索。

习惯，我们每个人或多或少都是它的奴隶。

尽管我们非常渴望自己能支配习惯，而非习惯支配自己，但在具体生活、工作中，常常事与愿违。原因是，人之所以依赖习惯，因为造就它的就是自己。

所以，好习惯的养成，格外重要。

日本教育家福泽谕吉说："家庭是习惯的学校，父母是习惯的教师。"

所以，孩子良好习惯的养成，一个在于父母榜样的力量，另一个在于父母有意识地引导和训练。

亲爱的家长，你习惯好吗？

我虽然不敢下断言"你习惯不好，你孩子一定习惯不好"，但我敢断言的是"你习惯不好，你孩子习惯好的可能性极小"。

因为榜样的力量是无穷的。这个榜样，既包括好榜样，也包括坏榜样。

我一直认为，父母习惯好，孩子习惯好的概率一定很高。

家长培养孩子好的习惯，一定要从小抓起，从一分钟抓起，宁少勿多，宁简勿繁，宁易勿难，循序渐进。

习惯的养成，关键看前三天，重在一个月。

根据美国科学家的研究，一个好习惯的养成需要 21 天，90 天的重复会形成稳定的习惯。所以一个观念，如果被别人或自己验证了 21 次以上，它一定会形成你的信念。

美国著名教育家曼恩说："习惯像一根缆绳，我们每天给它缠上一股新索，要不了多久，它就会变得牢不可破。"

我们今天知道了该如何培养孩子的好习惯。

最后一个问题，如果你们家的孩子以前由于疏于管理，习惯没有培养好，今天如何去纠正呢？

曾记得有位家教专家讲过这个故事：

> 有个妈妈姓高，她的儿子上五年级，学习坐不住，写 1 个小时的作业，能站起来大概有 10 回，一会儿打开冰箱，看看有什么好吃的；一会儿打开电视，看看动画片开始没有；一会儿站在窗前，看看谁在外面玩儿。妈妈陪着他的时候，他老想站起来，在屋里走来走去的，就是坐不住。你看，这样做作业，学习成绩能好吗？
>
> 学习时坐不住是很多孩子的一种不好的习惯。但是高妈妈非常有

智慧，她用了一个区别强化的技术，对孩子说：你是一个聪明的孩子，你能够学习好。你1个小时站起来10回，是不是太多了？能不能让我看到你1个小时只站起来5回？孩子知道妈妈注意他了，就说：5回就5回。第二天做作业，果然只站起来5回。妈妈说：哟，我儿子真了不起，一天就改了一半，进步太大了，我看你站4回也能做到。孩子说：4回就4回……慢慢地，孩子做作业时就不站起来了。

高妈妈还会用别的很多技术来培养孩子的好习惯。例如，孩子特喜欢在6时半看动画片，就给他约定：今天你做作业时站起来在3次以内，你就可以看动画片；超过3次，不能看动画片。这就是说，达不到某个标准的时候，一定要有所限制，要惩罚，这个惩罚一定要剥夺他最喜欢的事情，这个时候不能心疼孩子，这没关系。但是他达到这个标准之后，你就得奖励他最喜欢的事情。孩子通过这样的调整，慢慢地就习惯了。

高妈妈的经验给了我们一个很大的启示：培养好习惯用加法，改正坏习惯用减法。

因为，坏习惯是在不知不觉中形成的；根深蒂固的恶习绝非一朝一夕就能养成。

要改掉坏习惯，只能依靠好习惯替代坏习惯。

因为，习惯是在习惯中养成的，习惯自然要靠习惯来征服。

在克服恶习上，迟做总比不做强。

既然我们培养好习惯需要21天，那么，要想改正某种不良习惯，也常常需要一段时间。

新习惯的形成大致分成三个阶段：

第一个阶段是1-7天，这个阶段的特征是"刻意，不自然"。需要十分刻意地提醒自己去改变，而你也会觉得有些不自然，不舒服。

第二个阶段是 7–21 天，这一阶段的特征是"刻意，自然"，你已经觉得比较自然，比较舒服了，但是一不留意，你还会恢复到从前，因此，你还需要刻意地提醒自己改变。

第三阶段是 21–90 天，这个阶段的特征是"不经意，自然"，其实这就是新习惯形成期，也是新习惯的稳定期。一旦跨入这个阶段，你就已经完成了自我改造，这个习惯已成为你生命中的一个有机组成部分，它会自然而然地不停为你"效劳"。

于是乎，坏习惯就这样被新来的好习惯覆盖了。

诗人歌德说："人生道路是漫长的，但紧要之处却只有几步。"孩子年龄小的时候，就像熔化了的铁水，它可以浇铸成各种各样的形状；等孩子长大了，就像冷却了的铁水变成了铁块，再改变就困难了。

孩子如此，习惯也是如此。

第七章 健康，真的要从娃娃抓起

亲爱的家长，你健康吗？

或许你会说："健康呀！"

可是，在你说出"健康呀"的同时，你是否不那么自信？

为什么不那么自信？因为你所说的那个健康，充其量只能算是亚健康。

什么是"亚健康"？

所谓"亚健康"，是指机体无器质性病变，但是有一些功能肯定在改变的状态。

说白了，就是你自己感觉不好，可到医院却又查不出来，这种状态就是亚健康状态。

比如每次洗澡，当我们将洗发液挤几滴在手上并不断用手搓洗着头发的时候，你猛然发现，双手白色泡沫里，夹杂着一根根乌黑的头发。你心一惊，怎么回事，掉这么多头发？是洗发水问题吗？是最近工作压力大、精神紧张所致吗？你有些害怕，更有些担心：这么掉下去，如何得了？还不秃了？你跑到医院，问大夫："我这是怎么回事？"我猜都猜得出来，大夫肯定反问你："你这是怎么回事？"你说了一大堆可能性，大夫最终说：可能就是你自己所说的吧……回去吧……也没有太多好办法……自己以后要注意，等等。

这就是亚健康。

亚健康不关注，为猝死、英年早逝埋下伏笔。

我今天谈及健康问题，不是针对你来说的。

我今天谈及健康问题，主要是针对孩子来说的。

有一个很尖锐的问题是：你的孩子健康吗？

据调查，全世界 1.55 亿超重肥胖儿童中，每 13 个里就有 1 个是中国儿童。中国共有 1200 万超重肥胖儿童。

这是个可怕的数字。

肥胖有什么后遗症？

小孩肥胖，直接危害着他的身心健康。过去一直以为只有大人才有的慢性病，如高血压、糖尿病、血脂异常等，现在肥胖孩子身上均已出现，并且比例呈上升趋势。肥胖孩子患高血压的危险是正常孩子的 3-4 倍，肥胖孩子成年后患糖尿病和冠心病的风险也大大增加。同时，肥胖还会给孩子带来心理上的负面影响，导致学习能力下降，出现自卑、抑郁、焦虑等异常心理。

最近看到另一份资料，也是很揪心。

据调查，中国 30% 的小学生、60% 的初中生、80% 的高中生大学生，视力都不同程度存有问题。

北京师范大学体育与运动学院院长毛振明一直从事学生体质的研究，他对中国孩子的体质现状十分担忧。他说，现在中国孩子的体质可以用"硬、软、笨"来概括。"硬",是指关节硬;"软",是指肌肉软;"笨",是指长期不活动造成的动作不协调。

毛振明特别提到北京中学生的问题。他说:"北京孩子营养好,卫生条件也好,但北京的孩子营养过剩,活动量比别的地方少很多,近视眼却比别的地方多。""1985年日本人的体质、体态还不好,戴眼镜的也多。但1999年,日本的胖小孩已经明显少了。"

中国孩子的健康,真的是到了"最危险的时刻"。

本来,我这一章谈及孩子的健康,除了想谈谈孩子的身体健康,还计划谈谈孩子的心理健康。现在,猛然发现,在孩子身体健康都堪忧的情形下,却还去谈心理健康,显然有一些不合时宜。

我决定聚焦孩子的身体健康。

为什么会出现"现在各家各户条件好了,反而孩子身体素质却差了"这种情况?

有人说,孩子饮食习惯不好是一个主要的原因。我赞成这个说法。

中国人从贫穷走向富裕,仿佛每顿饭不吃大鱼大肉,那都不叫过上好日子;不喝一些新式饮料,那都不叫与时俱进。所以,中国家长疼孩子,尽是给孩子吃大鱼大肉,尽是给孩子吃鸡翅、鸡腿等高热量食品,也尽是给孩子吃冰激凌、喝碳酸饮料等新式的玩意。这或许是中国家长好心办了坏事啊!

除了孩子饮食习惯不好,我以为,现在的孩子运动量太少,尤其是户外大运动太少是中国孩子身体素质每况愈下的最根本性原因。

如何让孩子运动起来?如何让运动成为孩子的一种习惯?如何让孩子逐渐懂得,健康不是个人的事情,健康是一份责任?

我觉得家长要做好以下五点:

第一,家长自己要运动起来。榜样的力量是无穷的。家长每天养成运动的习惯，不管是晨练还是晚锻炼，不管是半个小时还是一个小时，你一定会为孩子作出表率。孩子慢慢都会跟着动起来。

第二，你是否做到，在周六周日或其他休息时间，保证孩子每天一小时在户外的活动？我们倡导各幼儿园每天保证孩子两小时在户外的活动。孩子放假了，回家了，你要承担起这个责任，确保孩子每天的运动量。建议你最好是让自己的孩子跟院子里、小区里、邻居的孩子一起玩，一起运动。孩子是好合群的，孩子是好动、好游戏的。所以，孩子们在一起疯跑、一起玩游戏，都是有益于孩子健康的。运动除了让孩子强身健体之外，还可以培养孩子的合作意识、团队精神，等等，这些都是非常有好处的。父母切忌假期在家睡懒觉，切忌待在家里不出门。

第三，你是否意识到，汽车、电梯等交通工具，在方便我们的同时，其实在弱化我们脚的功能？人是动物，幼儿是未被社会化的高级小动物。归根结底，都是动物。动物是注定要在外面奔跑的。如果我们的孩子都不奔跑了，按照"进化论"的观点，用进废退，用则发达，不用，功能就逐渐丧失，那我们孩子的脚就逐渐废掉了。这种"废"，不是所谓的"残疾"，而是，看似脚毫无问题，但它实际已经没有力量了。上楼，累；跑步，累。恨不得，天天待着才好。人只要有了这个念头上身，人只要开始不爱动窝，肥胖尾随而至。

第四，你是否对电视、电脑等新式的玩意有足够的警惕？我常说，电视对孩子的吸引力远远超过幼儿园的课堂。我们很多家长，有时为了避免孩子吵闹，就把电视或电脑打开，让孩子看。可是，我们忽略了两样东西。一，孩子每次看电视或电脑的时间。我们一定要意识到，孩子长期陷在虚拟的动画世界中，虽然也学到不少东西，但无论对身体、对视力，还是对别的，都是有害的；二，节目的质量。现在有些动画片、电视节目、网络信息有些适合孩子，有些并不适合孩子，我们家长要把关，要适当干预。其实，我还担心孩子容易患上"电视综合征""网络综合征"。这类症状的显著特点是，人只要一有空，就想打开它；可当打开它时，其实又没什么好看的，所以，来回晃荡，很无聊。颇有"食之无味，弃之可惜"之感。这种症状要引起大家高度重视。

第五，一定不要太计较孩子在幼儿园、在学校的磕磕碰碰。做父母的，可以原谅自己在家带孩子磕磕碰碰，却不允许老师带孩子在幼儿园、在学校磕磕碰碰，这种偏向，负面影响很大。为什么这么说？因为如果你太在意孩子在校的磕磕碰碰，学校觉得，多一事不如少一事，凡是可能导致孩子受伤害的各种活动统统取消。那你想，孩子是不出事了，但孩子的运动少了，尤其是对抗性运动少了，大运动少了，那对孩子的身体有啥好？我个人觉得，太得不偿失；对整个民族来说，甚至可以说是灾难。

本来，学业的负担、升学的压力，以及由此衍生的各式各类补习班，已经挤占了孩子的活动时间。如果我们不顾学校的现实状况，比方说，一个老师带几十个孩子，肯定百密而有一疏；孩子和孩子的对抗性运动一定是存在风险，我们非要把小学的一些特点当成失误强加给学校，那各学校校长，为了孩子所谓的"安全"，为了自己的乌纱帽，为了避免上级主管部门对他的怪罪，他最终的决策一定是放弃集体性活动、放弃大运动活动、放弃对抗性活动，这样做。看似大家相安无事，其实无形当中已经牺牲了孩子长远的健康。这是值得家长及各级教育主管部门深思的。

健康，真的要从娃娃抓起。

第八章　智力开发，别再雾里看花

当年，著名歌手那英有一首歌特别火，名字叫《雾里看花》。

歌词大致是：

> 雾里看花水中望月，
>
> 你能分辨这变幻莫测的世界？
>
> 掏走云飞花开花谢，
>
> 你能把握这摇曳多姿的季节？
>
> 烦恼最是无情夜，
>
> 笑语欢颜难道说那就是亲热？
>
> 温存未必就是体贴，
>
> 你知哪句是真？
>
> 哪句是假？
>
> 哪一句是情丝凝结？
>
> 借我借我一双慧眼吧，
>
> 让我把这纷扰，

看个清清楚楚、明明白白、真真切切。

每每想到早期教育智力开发的乱象，我就想到《雾里看花》里最著名的这句歌词："借我借我一双慧眼吧，让我把这纷扰，看个清清楚楚、明明白白、真真切切。"

智力开发的核心是什么？换句话说，什么是真正的智力开发？

在这个焦点问题上，我们很多人认识是模糊的，表述是似是而非的，行动是盲目的。

比如，我们搞不清楚，训练孩子的记忆力到底是不是在智力开发？

再比如，让孩子大量识字、让孩子去学习珠心算是不是在智力开发？

还比如，让孩子去学画画、学书法、学钢琴、学小提琴是不是在智力开发？

这些问题还没弄明白，现在社会上又推出了各式各类的课程，比如"蒙台梭利课程""多元智能课程""奥尔夫音乐课程"。请问，这些课程跟智力开发又是什么样的关系？

该是直面回答这些问题的时候了。

我以为，真正意义上的智力开发，不管是老师还是家长，都要聚焦在帮助孩子建构学习的"三大系统"，即"动力系统""知识系统""能力系统"上。

什么叫"动力系统"？

所谓"动力系统"，是指孩子学习的"自我驱动系统"。这个系统怎么建构？怎么让孩子在日常学习过程中，不用我们家长及老师天天在后面催着，而是孩子他自己想学？这是"动力系统"必须直面回答的问题。

什么叫"知识系统"？

人类知识浩瀚无穷，一个人，穷尽一辈子也学不完。如何在孩子求学阶段，从幼儿园，到小学，到中学，到大学，给到他最有价值的东西——即未来可以"举一反三"中的"一"，这是"知识系统"需要思考的。

什么叫"能力系统"？

学习不是一个人的终极目的。学习是为了自己未来更好地融入这个社会、服务这个社会。为了这个更好，我们需要思考如何更快、更好融入这个社会？如何直面前进过程中遇到的问题并解决这些问题？如何把握事物内在发展的规律，以便举一反三、触类旁通？这些是"能力系统"思考的重点。

简言之：

"动力系统"是想解决"我要学"，即"乐于学习""主动学习"问题。

"知识系统"是想解决"学什么"，即"学有所值""学有所用"问题。

"能力系统"是想解决"我会用"，即"学以致用""举一反三"问题。

了解了"三大系统"各自建构的重点，剩下的问题就是如何具体实施了。

先谈第一个问题：如何建构"动力系统"？

孩子学习的"动力系统"建构问题，是所有家长及老师最为关心的。

如何让孩子变"要我学"为"我要学"？

如何建构孩子日常学习的"自我驱动系统"？

这个问题我一直在思考。

我在想，如果我们把这个问题解决了，那对中国孩子意义多大呀？

我对身边发生的事情往往很感兴趣。我认为，人类的智慧就藏在我们的身边，就看你悟不悟；你悟到了，你"立地成佛"。

为什么热恋中的男女彼此看个不够，压马路可以压出去十里地而不感觉累？

为什么一见钟情，终生难忘？（什么时候，我们孩子看书，看一眼，就终生难忘？）

为什么酒逢知己千杯少，话不投机半句多，借酒浇愁愁更愁？

为什么孩子喜欢看电视？一看两个小时不累？（你说，不对啊，也累！那我告诉你，他那累，是身子累、眼睛累，大脑绝对不累！）

为什么孩子喜欢打游戏机？

为什么孩子与孩子之间那些戏谑的顺口溜一记就会？

为什么三四岁的孩子能自然习得一种母语？

所有这些现象背后，一定隐藏着秘密。

你知道这是什么秘密吗？

科学研究证明，人的大脑，不管显意识还是潜意识，都是按照相似性进行激活、联系、匹配和重组的，这是大脑信息加工的必然运动形式。人的兴趣产生于情绪中枢。当客观对象与人在其生活、学习、经验中所建构、积累、储存在大脑中的知识、经验单元（即相似块）相似匹配、相似激活、相似选择时，兴趣油然而生。此时，大脑中有一种叫内啡呔的重要化学递质被大脑释放出来，它引发大脑神经兴奋的效能竟然比吗啡高出 50-100 倍。它使人感觉愉快，而且往往是非常愉快，这种幸福感，能够激发人们更进一步的工作热情、创造力及深入思考的能力。同时，快乐情绪下长时记忆不但容易形成，而且维持长久。

这就是我要告诉你的秘密。

难怪，爱因斯坦说："兴趣是最好的老师。"

也难怪，皮亚杰说："所有智力方面的工作都要依赖于兴趣。"

以前，有人谈及"为什么要学习"时指出，要为父母而学、为"四化"

而学、为"三好学生"而学、为奖学金而学、为未来而学、为责任而学。在我看来，建立在这些基础上的学习，动力的确能持续一年、两年、三年，甚至更长，但绝不可能持续一辈子；只有兴趣才能伴随孩子一生。

受兴趣驱使的孩子，一定是主动的学习者，是自己成长的主人。

那怎么培养孩子学习的兴趣呢？

换句话说，兴趣培养有没有配方？

我的回答是："有。"

在我长期的研究及实践中，我发现，兴趣培养有"三大配方"。

配方一：不累。

你或许要问："'不累'，啥意思？"

我发现，几乎所有人都喜欢看电视。

人为什么喜欢看电视？我发现，不是因为看电视能长学问，而是因为看电视，不累！

看书，也能长学问，为啥看书人少？

看电视，为什么不累？我发现，是因为电视机配有一个遥控器，你可以自己选节目。

你喜欢看什么节目？你孩子喜欢看什么节目？你父母喜欢看什么节目？喜好一样吗？

一定不一样。

如果你手里没有遥控器，别人给你的电视机设置好了某个节目，而这个节目偏偏你不喜欢，你还喜欢看电视吗？一定不喜欢。所以，你所谓的喜欢看电视，是看有你喜欢节目的电视。

为什么厂商卖给你电视机的时候要给你配置遥控器？因为，选择是人的天性，也是人的权利。他给你配置遥控器，他赋予你可以自己选择节目的权利，你的天性得到满足，你的权利得到尊重，你就有一种很爽的感觉，你就更喜欢看电视了。

告诉你一个秘密。

每个晚上，每个家庭，都在发生着一场没有硝烟的争夺遥控器的大战。遥控器在谁手里，直接反映出这个人在家庭里的政治地位和经济地位。如果你家遥控器在你们家那位手里，我都不用问，肯定当年是你追人家的。想一想，为什么？

不仅如此。

电视节目为了让大家迷死它，设计煞费苦心。

你自己可能都没有意识到，现在的电视节目，不管是访谈节目还是电视剧，下面都喜欢打字幕。为什么？你是否发现，有的字幕还有很多错别字？你或许很奇怪，电视台出来的节目，下面怎么还有错别字？以前看电视，看电影，都没有字幕，不是照样看吗？为什么现在流行打字幕？为什么字幕频频出现错别字，还知错不改？撤掉字幕不就没有人指责了吗？为什么这么简单的事情，电视台没想到？……对此，你是否百思不得其解？

我再告诉你一个秘密。

是不是现在很多人都在说，某某某产品可以开发孩子的大脑？

亲爱的家长，你知道一个人大脑的工作原理吗？

不知道？你不知道，怎么还敢开发孩子的大脑？那不就等于，你不知道电视机的工作原理，还愣拆开电视机修理吗？我们很多时候，就是这样，不懂愣干，很耽误事。

我来告诉你大脑的工作原理。

先陪你做一个测试。

你闭上眼睛。

我说："手机。"

你睁开眼睛，你想一想，你刚才头脑里是否出现了一部手机？是你的还是我的？一定是你的。为什么是你的，而不是我的？因为大脑的第一工作原理是，它必须相似你已有的生活、经验、学习和知识。手机干什么用的？哦，就是那个接听电话、发发短信的玩意。"手机"两个中国字是不是在你头脑里也出现了？你脑海里怎么没有出来"手机"的英文？日文？法文？哦，你是中国人，不是外国人。

你发现没有，我们大脑的工作原理，就是你说什么，它就拿你过去的生活、经验、学习和知识来匹配，在匹配的过程中，一定是"声音、图像、语义、符号"四方面整合在一起的。这就是秘密。

进一步研究发现，当四方面共同作用一个人时，是他获得信息最不累的时候。

为什么老师上课要写板书？"声音、图像、语义、符号"中的"符号"在起作用。

什么叫多媒体？不就是"声音、图像、语义、符号"四方面的匹配吗？

幼儿园的孩子为什么能轻松识字 1000 个？没有秘密，就是"麻将原理"——"三缺一"。什么意思？孩子在两岁之前，积累了大量的概念，如"妈妈""苹果"，只不过孩子获得这些概念，仅仅是它们的"声音、图像、语义"，还缺这些概念的"符号"，此时，你只需要把概念相对应的"符号"跟这些"声音、图像、语义"一匹配，孩子就轻松识字了。这不就是"三缺一"吗？

至此，你是否明白电视台为什么非要打字幕了？还是"声音、图像、语义、符号"四方面的匹配啊！有时候，你孩子在家做作业，你开着电视，但把声音掐掉了，你仅仅通过看字幕了解剧情，你是否感觉有些累？看惯了打字幕的电视连续剧，你再看不打字幕的电视连续剧，是不是也感觉有些累？你一直在看某个电视连续剧，今天我惩罚你，让你在隔壁屋，只闻其声，看不到图像，你是否很着急？人为什么会出现这种反应？还是我刚刚说的，"声音、图像、语义、符号"共同作用到一个人身上的时候，是他感觉最不累的时候。

所以，在你未来的教学过程中，你要想孩子学得不累，一定注意两点。第一点，在教学内容上要相似孩子已有的知识、经验、生活与学习，相似孩子的生理发展、智力发展、社会及情感发展的特点；第二点，在教学形式上，要注意声音、图像、语义、符号四方面的匹配。

你记住了吗？

配方二：相似孩子的动物性，相似孩子的好户外、好游戏、好称赞、好合群、好成功、好模仿、好比赛、好动、好奇等特点。

人都说自己是高级动物。

我给幼儿下了一个定义：幼儿是未被社会化的高级动物。

归根结底还是个动物。

所以，从事幼儿教育，看待动物、植物要拟人化；看待幼儿，要拟动物化。

为什么孩子喜欢到户外？

为什么孩子喜欢看动画片？

为什么孩子喜欢听动物之间的故事？

为什么我们喜欢去旅游？

为什么要提倡环保？

以前，对于这类问题，我的回答总是似是而非。

现在我想得比较明白。

为什么孩子喜欢到户外？因为所有动物都是在外面待着的。

为什么孩子喜欢看动画片？因为动物看动物看得明白。兔子的胆小、老虎的凶猛、狐狸的狡猾，真真切切写在它们的脸上，幼儿好理解、好把握。

为什么孩子喜欢听动物之间的故事？因为动物听动物之间的事情听得明白。

为什么我们喜欢去旅游？那不叫喜欢旅游，那叫回到你应该待的地方去。

为什么要提倡环保？那不叫环保，那叫保护自己的家园。

当我们以这个视角去看待孩子、看待自然的时候，我们与自然的关系变和谐了，我们对孩子的天性反而更加呵护了。

当我们以这个视角去看待孩子的时候，孩子的一些特点，比如好户外、好游戏、好称赞、好合群、好成功、好模仿、好比赛、好动、好奇等等，也都能在动物世界里找到影子。

配方三：相似幼儿擅长的三大记忆：事件记忆，韵律、韵文一类记忆，整体记忆。

孩子为什么喜欢听故事？孩子为什么对唐诗、顺口溜、成语接龙等一类东西记得飞快？孩子为什么轻而易举认识"麦当劳"？

在我研究这些现象过程中，我发现孩子擅长三大记忆，即事件记忆，韵律、韵文一类记忆，整体记忆。

基于此，我们的教学，能用故事讲的，尽可能用故事讲。为什么故事教学法、情境教学法、叙事性教学法、游戏教学法等孩子都喜欢，就是因为孩子擅长事件记忆。另外，从故事切入，在听故事、讲故事、演故事当中，让孩子去体验各种角色的情感、思维方式，在不知不觉中，获得知识、获得能力，何乐而不为？更何况过程还好玩、有趣。我崇尚"随风潜入夜，润物细无声"的教学效具。

基于此，想让某个东西让孩子快速记住，能编成打油诗、顺口溜的就编成打油诗、顺口溜。因为，押韵的东西，孩子就是容易记。

基于此，在幼儿阶段，让孩子认识"妈妈"一类词语，千万不要拆开了教，说"妈"就是一个"女"和一个"马"。如果你非要这么教，你孩子肯定会糊涂了："我妈是人，什么时候变成女马了呢？"让孩子学习"麦当劳"，也不是"'麦'是'小麦'的'麦'，'当'是'应当'的'当'，'劳'是'劳动'的'劳'"这么去教。你整体教给孩子就可以了。这就像照相机一样，"咔嚓"一下，把所有信息整体打包记下了。

接着谈第二个问题：如何建构"知识系统"？

中国教育在"知识系统"建构上走向两个极端。

第一，当社会努力摒弃"高分低能"，大力倡导素质教育的时候，"减负"成为大家的共识。问题是减负减什么？是只减不增，还是减一部分、增一部分？

现在有一种倾向，仿佛谁要谈"知识"就落伍了。让孩子背一些东西就是大逆不道了。这是对素质教育严重的误解。

俗话说：巧妇难为无米之炊。没有知识的储备，哪有能力的提升？曾听得有人这么评价：我们古人吃的是高蛋白，我们吃的是糠。中国为什么出不了大"家"，而只能出"匠"？一个很重要的原因，是我们这一代人，文化底蕴太差。几乎没有太多传统文化、传统国学的根基。减负、减负是减去不必要的负担，正常的"负担"是必须给予孩子的。否则，又将贻误一代孩子！我们要注意从中国传统文化中、从国外优秀文化中汲取精华，滋养我们的幼儿。有些好的东西，该让孩子背的，是一定要让孩子背的。否则肚里没货，又想让孩子写出好文章，怎么可能呢？

第二，我们教给了孩子太多太多的知识，而忽略了告诉孩子，在这么多知识当中，哪些是"举一反三"中的"一"、哪些是"万变不离其宗"的"宗"。比如，我们教给了孩子，人有手，还有脚。这本没错。可是我们忘了告诉孩子，人以前本没有手、脚之分。当年，我们人就跟猴子、猩猩一样，是四脚着地走的，只有"前肢""后肢"一说。"手""脚"概念的出现是当人直立起来之后。我们的前肢大量做一些精细活，手指越来越长，越来越灵活，而手掌因为不再用力，越来越薄；相反，我们的后肢由于要支撑一个人的全部体重，我们的脚掌越来越厚，我们的脚指头为了以防崴了，所以，变得越来越短。如果我们不把这些规律教给孩子，我们孩子就永远理解不了：为什么手有 5 个指头，脚刚好也有 5 个指头？为什么一个人手残疾了，脚依然可以用来吃饭、打电脑？手和脚原本是一套东西啊。

我们现在的教育，是教给了孩子太多的"三"，而忽略了告诉孩子"三"后面躲藏的"一"。如果孩子始终悟不到"三"后面的"一"，则孩子会越学越困惑，疲于奔命在获取更多"三"的征途中。"三"是学不完的。正所谓，多则惑啊！

最后谈第三个问题：如何建构"能力系统"？

什么叫一个人有能力？

关键看他能不能解决问题。

大人解决大人的问题，小朋友解决小朋友的问题。

能力强的解决大问题，能力弱的解决小问题。

核心都是要解决问题。

如何提高一个人解决问题的能力？

我以为，提高一个人解决问题的能力，首当其冲是提高这个人找到问题关键的能力。一个人找到了问题的关键，也就表明他发现了事物彼此之间的关系及规律，这样，方法自然就能找到。因为方法是规律的具体化。

而一个人如何找到问题的关键呢？

我觉得，从小培养孩子"凡事多问一个为什么"的习惯，从小培养孩子"打破砂锅问到底，还问锅底在哪里"的科学精神，有助于孩子找到问题的关键。

比如，我们都知道，全球都在关注垃圾问题。但是，中国普通百姓对这个问题好像并不当回事。孰知，在中国，这个问题已经相当严重。

中国的垃圾问题如何解决？

这是一个大难题。

如果你的孩子已经较大，你冷不丁问他这个问题，我相信，他或许都不知道从哪里下手来解决。有可能，他还不觉得这是个问题。

就像今天，我问你，你问过自己"我们每天产生的垃圾都到哪里去了"吗？

你或许问过，或许没问过。

你问过孩子"我们每天扔掉的垃圾都到哪里去了"吗？

我相信，大部分家长没问过。

不会发现问题、不会提出问题，可能是我们中国这一代人共同的特点。什么是科学家？有一位诺贝尔奖得主说："所谓科学家，就是那个会提出问题的人。"人若想提升解决问题的能力，首先要从会问开始。你不断地问，问题的关键就会浮出水面。

我们可以来做个测试。

有心的家长，在家带孩子做一个"有关垃圾的调查报告"。

你就从"我们每天扔掉的垃圾都到哪里去了"出发，带着孩子去寻找垃圾，带着孩子去撰写"有关垃圾的调查报告"，这个过程就是你培养孩子科学意识、科学态度、科学精神、科学方法的过程。

当你问孩子"我们每天扔掉的垃圾都到哪里去了"的时候，我相信很多孩子都是这么回答的："我把垃圾扔进家里的垃圾桶了。""爸爸妈妈把垃圾桶里的垃圾用垃圾袋一扎，下楼或出门把它扔进院子里的大垃圾桶了。"

你接着问："那大垃圾桶的垃圾又到哪里去了？"

你的孩子或许会回答："好像有一次看到一位叔叔，把大垃圾筒里的垃圾倒出来，扔到马路上的一个垃圾车里去了。"

你接着问："那垃圾车把垃圾拉到哪里去了？"

你的孩子或许会回答"不知道"，没关系，你说："那我们去找找吧。我们让那位叔叔带我们去看看，他把垃圾拉到哪里去了？"

你可千万不要小瞧这句话——这句话，对于培养孩子勇于探索的创新精神、善于解决实际问题作用非凡。

你果真带着孩子去找叔叔——如果你希望你的孩子未来真的有出息，你一定要花点儿时间陪陪孩子，与他共同去探索。

或许，那位叔叔还会对你们的行为表示纳闷呢："怎么还有人对垃圾感兴趣？"

你教你孩子说："我们就是想看看垃圾到哪里去了？它总得有个去处吧。垃圾要没处理，它肯定搁在哪儿了吧？要是处理了，又是怎么处理的呢？"

在垃圾站，你的孩子看到很多叔叔阿姨在分拣垃圾。

你引导孩子问："为什么要把一些东西拣出来？"

"有些垃圾还可以回收再利用，所以得拣出来；没用的，就直接烧了。垃圾拉来，我们很烦琐的一件工作就是要进行垃圾分类，像你今天看到的一样。如果大家在倒垃圾的时候，就按类分好，那该多好。"

试想，此时此刻，你的孩子听到了这段话，他对垃圾分类是一种什么样的认识？

他自己会想"垃圾分类"多重要啊！

你接着引导孩子问："所有的垃圾都堆在这里了吗？"

"很多垃圾来不及处理，就直接拉到填埋场了。"

于是你们又去了垃圾填埋场。

人还未到，大老远就闻到臭味了。

到了现场，更是臭味熏人！看到那么一大片垃圾，心有余悸。

"像这种填埋场我们城市有10个。我们这个城市都已被垃圾包围了。"

试想，当你的孩子再听到这个消息的时候，他是多么的震撼，也是多么的着急？

在他幼小的心田里，是不是已经播下"未来我们怎么对付这些垃圾"的念头。

科学家的种子是不是从此种下？

回到家里，当他再扔垃圾的时候，他是否会想到，如何减少垃圾，如何垃圾分类？

当他一点点长大，他是否会想：何时才能想到更简洁、更高效地处理垃圾的好办法？

如果你的孩子某一天突然意识到"资源放错了地方就是垃圾，垃圾放对了地方就是资源"，那你孩子看问题的视角，尤其是处理垃圾的思路，是否会带给我们惊喜？

我希望，我们培养的是这种孩子。

倘若我们家长能领会"培养孩子勇于探索的创新精神、善于解决实际问题"在孩子"能力系统"建构中的重要性，持之以恒地去训练，我相信，这必将对拓宽你孩子解决问题的思路、增强其创新能力，最终促进孩子的发展起到重要的作用。

第三部分 | 拿什么帮到你，我的孩子

从幼儿园到清华园

中国的孩子真的有些可怜！

学习，在很大程度上是为了分数。

一旦一个孩子长期陷于为了分数而读书，学习更深远的意义就被扭曲了。

做老师的，都知道这样一句话："授人以鱼，不如授人以渔。"

问题是，我们的孩子有多少人得到了"渔"的本领？

我一直认为，所谓一个人的优秀，就是"渔"的优秀。

而"渔"的优秀，很大程度体现在其思维方式上。

想让你的孩子从普通到优秀吗？

那就一同来学习一套优秀的思维方式吧——

第九章　站在未来，安排现在

人在这个社会上，有三种活法。

活法一，做一天和尚撞一天钟；

活法二，摸着石头过河；

活法三，站在未来，安排现在。

你属于哪一种？

我想，我们大多数人，现在还处于摸着石头过河状态。

我今天想告诉大家的是，大凡成功人士，尤其是那些获得巨大成功的人士，他们均有一个优秀的思维习惯，这个思维习惯，就是站在未来，安排现在。

什么叫"站在未来，安排现在"？

你喜欢登山吗？

万科创始人王石特别喜欢登山。

有记者问他："你为什么那么喜欢登山？"

王石回答：

登山某些程度上是人生的一种浓缩与延长。

登山开始时往往觉得目标遥遥无期，过程也非常痛苦，绝无快乐可言，而且中途你随时都想放弃。

生活也是这样，很多事情我们没有再去坚持一下。

成功与失败往往是一念之差。

但登山还不完全等同于生活。登山的目标很单纯，不是上，就是下；可生活就不一样了，它有许多的选择，也有很多的诱惑。

登山对我来说就是一种生活方式。

谈判时我往那儿一坐就有优越感——我在山上一待就能待一个月，你能吗？无论从意志上还是体力上你都磨不过我。

我对登山的喜欢，就像舞者脚上的红舞鞋，脱也脱不下来。

如果我们把人生比作登山的话，所谓"站在未来，安排现在"，就仿佛我们先用直升机把你空降到山顶，让你借助高倍望远镜，看清你脚下这座大山与周边群山之间的关系，尤其要看清你将从哪里出发，出发地地处大山哪个位置，你将怎样走，才能登上山顶。这其中，你要知道，有多少个岔口需要抉择，走哪条路距离最短，走哪条路可能死路一条，走哪条路可能荆棘密布，走哪条路可能遭遇陷阱。

你大致了解了登山路径，直升机再把你投放到你的出发地，我相信，虽然你登顶依然还有很多困难——不仅是方向上的艰难选择，而且还有体力、毅力的考验，但我相信，你登山冲顶一定比其他人信心更足，目标更明，效率更高。

了解了我们为什么要"站在未来，安排现在"，剩下的问题就是，"我怎样才能站在未来？"

其实你自己有这方面的生活经验。

每次你去一个新地方登山，你在路上，是否常问从山上走下来的人："师傅，从这条路能上山顶吗？"

别人是怎么回答的？

不外乎有这样几个回答：

"能，一直往上走吧。"

"这条道不行，前面就到头了。"

"不太清楚，我们也在找路呢！"

为什么你要问路？

有一句话，大家是怎么讲的？

读万卷书不如行万里路，行万里路不如阅人无数，阅人无数不如高人指路。

你可以不知道山顶在哪里，但你一定要觉察，或许别人知道。多问问别人，尤其是那些已经登上山顶的人，一定对我们帮助很大。即便你所问的人，没有登到山顶，但是，他告诉你，哪些道是死路一条，对你同样有很大帮助。至少，你不会重蹈覆辙。至少，你可以节约时间。

或许你会说："今天我登山，路上一个人都没见到，怎么办？"

也没关系。

有一点是毋庸置疑的。

山，早于我们存在。

今天，我们在登山的过程中，一个人都没有碰到，依然不可否认，在这个世上，一定存在着另外一个人也想登这座山。这个人，或许与我们同时代；这个人，或许早我们很多很多，在上个世纪，或上上个世纪。

在这些人当中，又不外乎两种人：一种，登顶成功；另一种，登顶失败。

无论登顶成功还是登顶失败，我相信，在他们当中，有的人留下了文字，有的人，则没有记录的习惯，他们的探索，随着自己生命的离去而灰飞烟灭。

今天，你来登山了。

在登山准备阶段，你做了些什么？你查阅过先人的记录？你从他们身上汲取了什么样的经验和教训？

所以，针对你提出的"我怎么样才能站在未来"这个问题，我的建议无它，就是找高人指路。高人若找不到，就去找高人写的书，看看高人怎么说的。

谈到高人，我想起我的朋友跟我讲的一句话："人这一辈子，你跟谁待在一起很重要。"

我的朋友说，你天天跟千万富翁在一起，即便成不了千万富翁，你也能成为百万富翁。

我的朋友还说，人不管处于哪个阶段、哪个行业，你一定要想尽办法跟这个行业的老大待在一起。你如果不能跟这个行业的老大待在一起，你一定要寻一个机会跟他吃一顿饭，或找个机会听他讲两个小时话。

你说，人家压根儿不认识我，我怎么能请到他吃饭？我怎么有机会接近他，听他说话？

你错了。

我讲过，只要你想接近他，你都有办法。

请记住，所有的名人，他们都有自己的朋友圈，他们都有自己固定的活动场所，我告诉你，你只需要上网查查他经常出席什么样的论坛，你花点儿小钱，就可以进入他们的核心圈中，听听他们对行业、对未来的思考。有可能，你还可以在这样的场合，和他互通名片，交个朋友。这样，在未来你的发展中，就相当于始终有一个高参在你的身边。

能站在未来，安排现在的人，自然比"摸着石头过河"胜算机会大很多。

摸着石头过河，虽然有的也能到达成功的彼岸，但成功的概率小，且耗时也多。很多人，熬白了少年头，才刚刚抵达成功的彼岸。

最近，看到这样一篇博文：

很小的时候，我的目标就是长大，长大了做什么，我当时没有想；

读小学的时候，父母给我的目标就是考初中，考上初中做什么，我没有想过；

读初中的时候，父母给我的目标就是考高中，考上高中做什么，我没有想过；

读高中的时候，父母给我的目标就是考大学，考上大学做什么，我没有想过；

上大学的时候，父母给我的目标就是要出国，出国做什么，我也没有想过；

现在留学拿到了学位，要找工作了，我却不知道下一步该做些什么？

读完这篇博文，很是伤感。

这就是中国孩子！

这就是中国教育。

这种状态不改变，好好的孩子就让我们给耽误了。

什么时候，我们的孩子能思考：我的未来在哪里？

什么时候，我们的孩子步入社会，找到工作，能思考：我所在行业的未来在哪里？

什么时候，我们的孩子能对社会的热点问题展开思考：为什么房价居高不下、股市长期低迷、医改虎头蛇尾、教改步履蹒跚？

房地产的未来在哪里？

股市的未来在哪里？

医改的未来在哪里？

教改的未来在哪里？

为什么我要写《从幼儿园到清华园》？

我一个农村的孩子，从偏僻的安徽农村来到北京大都市，一路走来，我深深知道，一个身处社会最底层的个体，如何通过教育改变自己的命运，进而改变家庭的命运。

我总是想通过总结我自己的一些成长经验，给你及你的孩子一些帮助。

比如，一个人，怎么叫优秀？一个人，如何从普通到优秀，从优秀走向卓越？人才培养的路径在哪儿？理念、策略、具体方案在哪儿？

再比如，我们如何创造性地把清华育人的经验移植到我们的幼儿教育、小学教育、中学教育以及家庭教育领域？

这些问题，我常常思考。

如果我们了解了一个孩子怎么叫优秀，什么样的教育叫科学的教育，我们就站在了人才培养这个制高点，我们的家长及孩子，就能按图索骥，坚定前行，少走弯路，少犯错误。

《从幼儿园到清华园》就仿佛是一个望远镜，让你站在现在这个位置，尽可能看清楚，一个人，从幼儿园到成才、到人生的终点，到底是走一条什么样的路？其间，有哪些陷阱？又将遭遇哪些"人算不如天算"？如果遭遇，该怎么办？如果倒霉透顶，掉进了一个大坑，又该如何挣扎着爬出来？

相信我这本书，不仅对你教育孩子有帮助，对你自己的工作和学习也有帮助。

《礼记·中庸》写道："凡事预则立，不预则废。"

站在现在，思考未来，那叫展望。

站在未来，安排现在，那叫设计。

好企业，是设计出来的。

好未来，也是设计出来的。

我们思考教育问题，一定要终其一生来思考，不要太狭隘，切忌局部思维。

我总是觉得，人生是一次长跑，开始跑在前面，固然可喜，但能否始终保持这个优势，且这种优势的获得，又不以自己筋疲力尽为代价，则是需要我们思考的。

最近，偶然读到杰出历史学家、哈佛历史上第一位女校长德鲁·吉尔平·福斯特在2008年本科生毕业典礼上的讲话，很是感慨了一番。

我真正了解了什么叫"教育家"。

现摘录讲话主要内容如下：

在这所久负盛名的大学里，在这别具一格的仪式上，我站在了你们的面前，被期待着给予你们一些永恒的智慧。

你们已经在哈佛做了四年的大学生，而我当哈佛校长还不到一年。你们认识了三个校长，而我只认识了你们这一届大四的。算起来我哪有资格跟你们谈经验？或许应该由你们上来展示一下智慧。要不我们换换位置？

或许今天你们将问我一些问题，比如："福斯特校长啊，人生的价值是什么呢？我们上大学四年是为了什么呢？福斯特校长，你大学毕业到现在的40年里一定学到些什么东西可以教给我们吧？"

在某种程度上，在过去的一年里我一直在回答类似问题。我除了思考怎么做出回答外，更激发我去思考的，是你们为什么问这些问题？

在你们问的诸多问题中，你们不厌其烦问的一个问题是：为什么我们之中这么多人将去华尔街？为什么我们大量的学生都从哈佛走向了金融、理财咨询、投资银行？

对于这个问题有多种思考和回答方式。有一种解释就是一切向"钱"看。

也许是为了高薪——难以抵抗的招聘诱惑，也许是为了留在纽约然后和朋友们一起工作生活和享受人生，也许是为了做自己感兴趣的工作——对于这些选择可以有各种各样的理由。对你们中的一些人，无论如何那也只是个一两年的契约。其他的一部分人相信他们只有在过得"富有"了以后才有可能过得"富有"价值。不过，你们依然会问我，为什么要走这条路？

我想，你们问我的是：关于人生价值的问题。人生价值，要人生，还是要价值？

那让我们还是暂时摘下那戴着的哈佛面具，收起那缺乏热情的冷漠，卸下我们看似刀枪不入的伪装，让我们尝试去探寻你们问的一些问题的答案。

我觉得，你们之所以担忧，是因为你们不想仅仅是获得传统意义上的成功，而且要活得有价值。可是你们不清楚"鱼"与"熊掌"怎样才能"兼得"，你们不清楚丰厚的薪酬是否可以让你们的灵魂得到满足。

然而，你们为什么担忧呢？这部分是我们的责任。当你们一踏进这个学校，我们就告诉你们：你们将成为领导未来的中坚人物，你们将成为美国人民依赖的最顶尖、最杰出的精英，你们将改变整个世界。

我们"望子成龙"的期望使你们背上了负担。而你们为了实现这些期望也已经做得很好：在对课外活动的从事中，你们展示出对于服务性工作的奉献精神；从对可持续发展的热情拥护，你们表达出对这个星球的关怀；通过对今年总统竞选的参与，你们做出了希望使美国政治重新恢复活力的实际行动。

但你们中的很多人现在会问："怎样才能把做这些有价值的事情和一个职业选择结合起来呢？""是否必须在一份有报酬却没价值的工作和一份有价值却没报酬的工作间做出抉择呢？""如果是一个单选题，您会选哪一个？""有没有折中的办法？"

你们在问我，也是在问你们自己这个问题。你们承认也许不可能兼得两者。你们问我的问题其实有几分是关于"失"，即你放弃的那条道路让你失去了什么。

你们之所以担忧，是因为你们想拥有充满价值的同时又是成功的人生；你们知道，你们被教育要有大的作为，不仅仅是为了个人、为了自己生活的舒适，而是要让周围的世界因此而改变。因此你们才不得不思考怎样才能让其成为可能。

我认为你们之所以担忧有第二个原因——和第一个有关系但不是完全一样。你们希望过得幸福。你们蜂拥着去修"积极心理学"这门课和"幸福的科学"这门课？可是，我们怎样才能获得幸福？在这儿，我可以提供一个启发性的答案：变老。调查数据显示年长的人——也就是我这把年纪的人——觉得自己比年轻人更幸福。不过，很可能你们没有人愿意去等着去看这个答案。

在聊天时我听过你们谈到你们目前所面临的选择，我听到你们一字一句地说出你们对于成功与幸福的关系的忧虑——也许，更精确地讲，怎样去定义成功才能使它具有或包含真正的幸福，而不仅仅是金钱和荣誉。你们害怕，报酬最丰厚的选择，也许不是最有价值的和最令人满意的选择。但是你们也担心，如果作为一个艺术家或是一个演员，一个人民公仆或是一个中学老师，该如何才能生存下去？然而，你们可曾想过，如果你的梦想是新闻业，怎样才能想出一条通往梦想的道路呢？难道你会在读了不知多少年研究生，写了不知多少毕业论文终于毕业后，找一个英语教授的工作？

答案是：你不试试就永远都不会知道。但如果你不试着去做自己热爱的事情，不管是玩泥巴还是生物还是金融，如果连你自己都不去追求你认为最有价值的事，你终将后悔。人生路漫漫，你总有时间去给自己留"后路"，但可别一开始就走"后路"。

我把这叫作我的关于职业选择的"泊车"理论，几十年来我一直都在向学生们"兜售"我的这个理论。不要因为怕到了目的地找不到停车位而把车停在距离目的地20个路口的地方。直接到达你想去的地方，哪怕再绕回来停，你暂时停的地方只是你被迫停的地方。

你也许喜欢做投资银行，或是做金融抑或做理财咨询。找到你热爱的工作。如果你把你一天中醒着的一大半时间用来做你不喜欢的事情，你是很难感到幸福的。

但是我在这儿说的最重要的是：你们正在选择人生的道路，同时也在对自己的选择提出质疑。你们知道自己想过什么样的生活，也知道你们将行的道路不一定会把你们带到想去的地方。文科教育要求你们要活得"明白"。它使你探索和定义你做的每件事情背后的价值。它让你成为一个经常分析和反省自己的人。而这样的人完全能够掌控自己的人生或未来。想过上有价值的、幸福的生活，最可靠的途径就是为了你的目标去奋斗。不要安于现状得过且过。随时准备着改变人生的道路。如果想做些对你们自己或是这个世界有点儿价值的事情，记住它们，它们将会像北斗星一样指引着你们。你们人生的价值将由你们去实现！

第十章　我相信，我看见

在我们的周围，经常会听到有人说："某某某地方的菩萨可灵了。"

因为菩萨很灵，所以，有许愿的，就有还愿的。

因为菩萨很灵，所以，吸引更多的人去许愿。

于是，这个寺庙因更多的人来人往，香火更旺。

我很好奇的是：当我们跪拜菩萨的时候，当我们默默许愿的时候，菩萨并没有说什么，更谈不上给我们指点迷津，怎么称得上菩萨很灵呢？

在我看来，压根儿不是菩萨很灵，是你的信念很灵。

什么叫信念？

信念 = 目标 + 坚定。

你去拜菩萨，你心中自然有话要对菩萨讲。你有一份期盼，有一份祈求。这份期盼、这份祈求，化作你具体的一个目标，你希望菩萨保佑你，让你梦想成真。你来拜菩萨前，其实你已经有了自己的一些主意，只是你还缺乏那么一点点坚定，还缺乏那么一点点力量，正如我们烧水，你的能力只能让水烧到99℃，你始终还差1℃，你今天来拜菩萨，就是需要借助菩萨的力量，帮你加上这1℃，让水烧开。

人拜菩萨，菩萨并没有开口；人走了，菩萨并没有跟人走。

虽然菩萨并没有跟人走，但有一样东西跟人走了，这样东西就是："我相信，我看见。"

这样东西别名是："目标＋坚定"。

如果用两个字来描述，就是"信念"。

客观地讲，坚定目标的人不一定事事成功，但不坚定目标的人一定不会成功；坚定目标的人，一定比不坚定目标的人成功概率大。

正如，拜菩萨的人不一定事事如愿；但拜菩萨的人，一定比那些内心不坚定的人如愿概率高。

大凡成功人士，我发现他们身上，除了拥有"站在未来，安排现在"这个思维习惯外，还拥有"我相信，我看见"这个思维习惯。

一般人，都坚信：我看见，我相信！

因为，眼见为实。

但亲爱的家长，眼见为实没错，但要想自己有大的作为，要想自己的孩子未来有大的作为，仅仅抱着"眼见为实"这个理念，远远不够。

记住，我这里说的是"不够"，而不是"不对"。

怎样才算够？

"我相信，我看见"，才算够。

怎样才能做到"我相信，我看见"？

首先必须做到"站在未来，安排现在"。

没有"站在未来，安排现在"，就谈不上"我相信，我看见"。

因为他没站在未来，他只站在现在，他对未来的判断有太多的不确定，因此，怎么敢奢谈"我相信，我看见"？

如果你非逼他说"我相信，我看见"，他也真说了"我相信，我看见"，那他纯属于迫于外界的压力，纯属于碍于自己的面子，其实，在他说出"我相信，我看见"的时候，他的内心是没有力量的，他的心里是七上八下，根本没底的。

相反，抱有"我相信，我看见"的人，仿佛他们要做的事，在他们的头脑里是有图像似的，他们只需按图索骥就是了。在他们的世界里，未来大致的趋势，他们基本上做到心中有数，他们只不过是在组织一些资源，经历一个阶段的时间，去逼近自己的目标，逼近自己的蓝图而已。

我常说，一个人的成功等于潜能减干扰。

写成公式就是：成功 = 潜能 - 干扰。

很多人不成功，原因有两点。

第一点，个人潜能根本还没挖掘；第二点，外在干扰太多。

你知道为什么拜菩萨的人容易心想事成？

老百姓说：那是心诚则灵！

我的解释是，这些人为心压根儿就没有外在干扰，另一方面，他们奉菩萨的旨意，在不断为实现自己心中那个目标千方百计想办法，我称之为挖掘潜能。

而不成功的人呢？

假定这类人跟拜菩萨的人一样在为自己心中的目标想办法，挖掘潜能，但由于他们的干扰太多，所以，成功总是与他们擦肩而过，或姗姗来迟。

他们会有哪些干扰？

他们一会儿在为目标定得是否太高而纠结："高不高？如果太高了，到时完不成，别人是否笑话自己？低调一点吧。调调。"你看，这就是他们内心的对话。当他们真的调目标的时候，他们又纠结了："如果目标定得太低，那还有定目标的意义吗？不是说了吗，目标的制定，必须遵循'需要跳一跳才能够得着'这个准则吗？"

这还仅仅是他们在为目标的高低而纠结。

这个纠结没结束，另一个纠结又来了。

"这个研发方向对吗？怎么感觉不对呀？怎么办呢？找头说说。"

你看，他们的干扰有多大——他们又在为方向是否正确而迷茫。

怀抱"我看见、我相信"的人，你知道他的能量消耗到哪里去了吗？都消耗在患得患失上了。如此状况，他怎么可能聚焦目标的实现呢？

所以，我说，不同的人、不同的思维模式，必将成就不一样的人生。

固守旧的思维模式、重复旧的行为，只能得到旧的结果！

为什么"我相信，我看见"成功概率高？

除了刚才我讲的，这类人内心没有干扰或极少干扰之外，我觉得，他们对自己潜能的深度开发以及他们对周边资源的完美整合，是值得我们学习的。

我有时候说，这类人太厉害了，只仿佛，天地万物均是他们实现目标的资源。

2010 年，有一本书很风靡，名字叫《秘密》。

《秘密》重点讲了宇宙间存在着一个法则，这个法则就是"吸引力法则"。

"吸引力法则"简单解释就是：你专注什么，你就会吸引什么！如果你专注富有、成功，你就会获得这些美好的事物；反之，如果你专注贫乏、失败，你就会吸引这些不好的事情上身。很多人之所以没有过上他们"理想"的美好生活，正是因为他们日常没有专注在拥有这些事物上——而是专注于他们所欠缺的事物上。因此，对于任何你内心想要的美好事物，比如财富、健康、良好的人际关系等，你的目标必须单纯而明确，而且意愿要足够强烈！它的好处是：使你的各种选择有了统一的标准，不断接近目标；发出强劲的磁场，吸引相同的人向你靠拢，并在不自觉中愿意帮你成就所愿。

这套理论乍听起来有些不可思议。

但仔细一想，所谓"吸引力法则"说白了就是我们中国人所讲的心想事成。人的想法是有大量的。人一旦有了坚定的想法，他全身的每一个毛孔，都在锁定目标，整合资源，创造神奇。

这也正是我向你推荐"我相信，我看见"思维习惯的初衷。

有一个故事很有意思：

1950 年，弗洛伦丝·查德威克因成为第一个成功横渡英吉利海峡的女性而闻名于世。两年后，她从卡德林那岛出发游向加利福尼亚海滩，想再创一项前无古人的纪录。

这天，当她游近加利福尼亚海岸时，嘴唇已冻得发紫，全身一阵阵地寒战。她已经在海水里泡了 16 个小时。远方，雾霭茫茫，使她很难辨认伴随着她的小艇。查德威克感到难以支持，她向小艇上的朋友请求"把我拖上去吧"。艇上的人们劝她不要向失败低头，要她再坚持一下。"只有一英里远了。"他们告诉她。"把我拖上来！"她再三请求着。于是，冷得瑟瑟发抖、浑身湿淋淋的查德威克被拉上了小艇。

后来，查德威克告诉记者说，如果当时她能看到陆地，她就一定能坚持游到终点。大雾阻止了她夺取最后的胜利。这件事后，查德威克认识到，事实上，妨碍她成功的并不是大雾，而是她自己内心不坚定。大雾遮挡的不仅是她的视线，还有她的信念，正是她内心的迷惑，使她成了大雾的俘虏。

两个月后，查德威克又一次尝试着游向加利福尼亚海岸。浓雾还是笼罩在她的周围，海水冰凉刺骨，她同样望不见陆地。但这次她坚持着，她知道陆地就在前方；她奋力向前游，因为陆地在她的心中。

毫无疑问，这一次查德威克成功了。

看到这里，你是否对"我相信，我看见"有了更深刻的认识？

还有一个故事也挺有意思：

有一位叫罗伯特·克里斯托弗的美国人，想用 80 美元来周游世界。他坚信只要有信心、有诚意，任何目的都能达到。

罗伯特立即找出一张纸，写下他为用 80 美元旅行做的准备。

1. 设法领取到一份可以上船当海员的文件；

2. 去警署申领无犯罪证明；

3. 取得 YMCA 的会籍；

4. 考取一个国际驾驶执照，找来一套地图；

5. 与一家大公司签订合同，为之提供所经国家和地区的土壤样品；

6. 同一家航空公司达成协议，可免费搭机，但要拍摄相片为公司做宣传……

罗伯特完成了上述的准备后，年仅 26 岁的他就在口袋里装好 80 美元，兴致勃勃地开始自己的旅行。结果，他终于实现了自己的梦想。

罗伯特为什么能成功？全在于他有积极的心态——坚信自己一定能成功。

我们来看看他的一些经历：

1. 在加拿大的巴芬岛的一个小镇用早餐，他不付分文，条件是为厨师拍照；

2. 在爱尔兰，花 4.80 美元买了 4 箱香烟，从巴黎到维也纳，费用是送司机一箱香烟；

3. 从维也纳到瑞士，列车穿山越岭，只需 4 包香烟；

4. 给伊拉克的某运输公司经理和职员摄影，结果免费到达伊朗的德黑兰；

5. 在泰国，由于提供给酒店老板某一地区的资料，受到酒店国宾式待遇。

……

看完这个故事，你又感悟了什么？

在我看来，罗伯特不仅是"站在未来，安排现在"的伟大践行者，更是"我相信，我看见"的伟大践行者！

第十一章 聚焦才会赢

在非洲的马拉河两岸，青草肥嫩，羚羊们悠闲地在这里生活着。

有一只猎豹，好几天没逮到东西吃了。它早已盯上这里的羚羊。它躲在远处的草丛中，竖着耳朵，瞪大眼睛，随时等待着机会的来临。

机会来了。

一群羚羊正缓缓向猎豹隐藏的方向走来。

猎豹屏住呼吸，准备出击。

或许是羚羊发现了什么，还未等到猎豹出击，突然，羚羊四处散开，各自逃命。

猎豹箭一般冲了出去。它死死盯住一只未成年的羚羊。

这只未成年的羚羊跑得飞快，猎豹追赶的速度也不慢。

其他羚羊四处逃窜中几乎撞到了猎豹，猎豹也不为所动，只是一个劲地儿朝着自己的目标疯狂追去。

那只未成年羚羊终于跑累了，速度放慢了下来；猎豹毕竟技高一筹，加之体力好，终于，猎豹的前爪搭上了羚羊的屁股，羚羊倒下了，猎豹张开嘴巴，迅速朝着羚羊的脖子咬了下去……

为什么猎豹在追捕过程中，对于近在咫尺的其他羚羊无动于衷呢？

猎豹本能地遵循一个规律：锁定目标，锲而不舍。如果见一个追一个，那岂不以自己很累之身体，去追赶一只精力充沛的羚羊，哪能追上？

猎豹追羚羊的故事启迪我们：聚焦才会赢。

我们小时候大多玩过这样一个游戏：在阳光下，拿一个凸透镜，让太阳光透过凸透镜，形成一个亮点，让这个亮点对准火柴头，不一会儿，火柴头便"哧"的一声蹿出火苗来。

这就是凸透镜的聚焦效应。

凸透镜能将平行的光线聚集于一个点上，使这个点温度升高。若时间足够长，可使易燃物燃烧起来。

历史上，科学家阿基米德就利用凸透镜的聚焦效应创造过一次神奇。

公元前213年，罗马派遣大规模的海上军队进攻叙拉古城，企图彻底征服叙拉古城。当时双方兵力相差悬殊，经过几个月激烈的攻防战，叙拉古城的士兵多已负伤，巨石、弓箭等守城器具已明显不足，全城陷入恐慌。

此时，居住在叙拉古城的科学家阿基米德把城中的妇女儿童一起召集到城墙上，他让每人拿着一面镜子，集中向一艘罗马战船的白帆上照射。不一会儿，白帆冒出缕缕青烟，随即燃起了火焰。海风一吹，火势随即变大并吹到相邻的船上。罗马军队大乱，跳水淹死、被火烧死、互相践踏而死的人不计其数。罗马军队狼狈撤退。

这就是聚焦的力量。

不管你做什么，如果你想在某个领域内做到最好，你绝不能四面出击。

你要立足于你最想要、最善于要的这一块，然后想方设法联合所有的力量去达成你要的结果。

或许大家都听说过"二八定律"。

该定律认为，在任何一组东西中，最重要的只占 20%，其余 80% 尽管是多数，却是次要的。比如，商家 80% 的销售额来自 20% 的商品，一个单位 80% 的业务收入是由 20% 的客户创造。

如果这个定律具有一定普遍性的话，那我们做任何事更应该聚焦那 20% 的人和事上。

在这个世界上，假如说你领悟到 10 个秘诀，但你的对手只领悟了 9 个秘诀，你认为在市场上你的回报会是 10% 的差别吗？不是，你可能得到市场份额的 80%，而你的对手只得到 20%。

有很多人来找我合作，说"你的加盟园里有近 20 万名幼儿，接着办小学吧，你办小学不愁生源"，我婉言拒绝了！为什么，聚焦才会赢！不要被别人所诱惑！

一样的，当你在地方有些名声的时候，当很多人都去找你合作的时候，你必须聚焦，因为聚焦是你成功的基础，当你不能聚焦的时候，你就剥夺了自己成功的权利。不要指望十个指头同时能按住十只跳蚤；请记住，你一巴掌拍下去，或许能按住十只跳蚤。

俞敏洪说过，我们一辈子拥有的时间不是无限的，我们能够做的事情也不是无限的，所以在不断探索世界、扩大眼界、博览群书、广泛涉猎的同时，能够让自己聚焦，一心一意熟读几本书、一心一意学习一个专业、一心一意做成一个事业、一心一意爱一个人，未尝不是一件无比幸福的事情。

一个农场主在巡视谷仓时不慎将一只名贵的金表遗失在谷仓里，他遍寻不获，便在门口贴了一张告示，悬赏 100 美元给那位帮他找到金表的人。

人们面对重赏的诱惑，无不卖力地四处翻找，无奈谷仓内谷粒成山，还有成捆成捆的稻草，要想在其中找到一块金表如同大海捞针。

人们忙到太阳落山仍没有找到金表，他们不是抱怨金表太小，就是报怨谷仓太大、稻草太多，他们一个个放弃了对100美元的追求。

只有一个衣衫褴褛的小孩在众人离开之后仍不死心，努力寻找，他已整整一天没吃饭，希望在天黑之前找到金表，解决吃饭问题。

天越来越黑，小孩在谷仓内坚持寻找。一切喧闹静下来后，突然他发现有一个奇特的声音在"嘀嗒、嘀嗒"不停地响着。小孩顿时停止所有动作，聚神聆听。谷仓内更加安静，滴答声十分清晰。小孩寻声找到了金表，最终得到100美元。

小孩之所以能找到金表，是因为他坚持到了最后。

虽然他也累了，饿了。可是大自然也"累"了，变得静悄悄的，金表的嘀嗒声把自己暴露了出来。

人生的"金表"本已存在于我们周围，存在于社会的每一个领域，散落在人生的每个角落，要发现并得到它们，我们就需要有小男孩那样的专注和执着。

这就是"聚焦才会赢"。

现在的中国社会，人们面对太多的诱惑和选择，"想做的事"通常要比"能做的事"多得多。太多的人在名利之间奔波不已，像无头苍蝇般到处乱窜，漫无目标、没有方向、耗费时间、耗费精力、耗费金钱，到头来却落个两手空空。

现在网络技术真的太发达，我们真的被"一网打尽"。这边刚刚熟悉QQ、MSN、飞信，那边偷菜、抢车位就开始了。有些人菜还没偷明白，微博又大兵压境。你永远被这些网络工具诱惑着。你如果不被诱惑，你就有落伍的可能；你如果被诱惑，你得空就跟跟帖，注注水，你会发现，你的生活被碎片化了，你的思想也被碎片化了。看来，思想，也开始时兴快餐了。

有统计资料表明，近年来大学生可考的证书已超过了百种。

我家有个亲戚，去年刚刚考上的大学。时不时听他妈妈讲，孩子又打来电话了，咨询父母："什么什么证书是否要考？"

父母心想，多一本证书就多一条出路，对找工作有好处，于是答道："那就考吧！"

谁知，这边话音未落，孩子那头马上应道："给钱！"

要给多少钱？

现在考一个证，少则几百元，多则几千元。所有证都拿到，花钱也不菲。

其实，在我看来，那么多证，有啥用？

现在的用人单位，凡是花点儿钱就能"买"到的证几乎不看。如果你的孩子拿着一堆证去应聘，或许还会起反作用。

负责招聘的人会想啊：第一，这个人一定各方面都不够专业；第二，这个人不知道自己想干什么；第三，这个人自己的判断力比较弱，喜欢跟风；第四，这个人工作可能不稳定。

你想想，你孩子考了那么多证，花了那么多钱，居然落得如此下场，岂不悲哀？

我们必须承认这样的事实：每个人的时间和精力都是有限的，有所不为才能有所为，只有把有限的时间和精力集中到一点上，才能干出一番事业。分心太多，追逐太多目标，结果一事无成。

一位女作家被邀请参加一个笔会，坐在她身边的是一位匈牙利的年轻人。女作家衣着简朴，沉默寡言，态度谦虚。年轻人不知道她是谁，以为她只是一个不入流的作家而已。于是，他以一种居高临下的心态，对女作家说："请问小姐，你是专职作家吗？"

"是的，先生。"

"那么，你有什么大作发表呢？是否能让我拜读一两部？"

"我只是写写小说而已，谈不上什么大作。"

年轻人更加证明自己的判断了。

他说："你也是写小说的，那我们也算是同行了，我已经出版了339部小说了，请问你出版了几部？"

"我只写了一部。"

年轻人有些鄙夷，问："你只写了一部小说。那你能否告诉我这本小说的名字？"

"《飘》。"女作家平静地说。

那位狂妄的年轻人顿时目瞪口呆、羞愧难当。

这位女作家的名字就叫玛格丽特·米切尔。

这个故事警示我们：人要想成功，就必须果断地停止杂乱无目标的行为，将力量集中在确定的目标上。

在各式各类企业战略研讨会上，我们经常会听到所谓多元化和专业化之争。中国人喜欢做多元化的企业，而且一有钱，都喜欢做房地产。但国外的企业比较聚焦。通用电气成立数十年只做灯泡，波音几十年只做飞机，可口可乐上百年只做饮料，强生上百年只做医药。企业只有聚焦，才能基业长青。企业不聚焦，虽现在看似辉煌，最终只能是昙花一现。

古人曾说："滴水穿石，非力使然，恒也。"滴水之所以能穿石，是因为它在漫长的时间里只干一件事：穿石。

大凡成功人士都不是朝三暮四，什么都想要的人物，他们是那些把目光紧紧固定在选定的事上，一条道走到底的人。

平庸和优秀的差别有时仅仅只差四个字：聚焦、坚持。

第十二章　成功是成功之母

仔细想想，中国教育有些"残忍"。

孩子每一个阶段的晋级——幼升小、小升初、中考、高考，大部分人均因上不了重点，自信心倍感受挫。

我们很少人会去关注：

那些没有考上重点初中的孩子后来发展怎么样？

那些没有考上重点高中的孩子后来发展怎么样？

那些没有考上重点大学的孩子后来发展怎么样？

那些压根儿没有考上大学的孩子后来发展怎么样？

中国的教育，过早开始选拔人才，一轮轮淘汰，一轮轮摧毁一批又一批孩子稚嫩的自信心，这是基础教育的灾难。

中国教育的公平，不仅是大家都有学校上，更重要的是大家都有同等质量的学校上。如果只是少之又少的孩子有好学校上，如果只是有权有势的孩子有好学校上，何谈公平？

真正的教育公平，应该是起点公平、过程公平和结果公平。

由于工作的关系，我经常接触家长。

我发现现在中国孩子读书，不仅是孩子遭罪，家长也遭罪。

我没去仔细揣摩那些孩子考不上重点学校家长的心理，但我直觉感到，他们内心的那份无奈、那份痛，一直伴随他们的一生。

作为家长，不管自己事业做得多成功，如果孩子在基础教育阶段，发展坎坎坷坷，不能沿着中国教育制度已经设计好的重点小学、重点初中、重点高中、重点大学的发展轨迹上，心里总是无限的遗憾。

有感于孩子的发展现状与自己事业的辉煌极不相称，有的家长索性把孩子往国外一送，这样，既让孩子逃离了中国教育的苦海，自己也落得一个好名声——孩子干啥去了？孩子去国外读书了。

中国家长，削尖脑袋把孩子往重点学校送，不惜花钱，不惜搭人情，不惜在学校附近租房，不惜放弃上班，那真是叫一个没办法。

重点学校名额有限，僧多粥少。

非重点学校因场地、设施、师资、资金等的局限，校风、学风与重点学校相差甚远。校风很差的初中、高中，那简直就是一个大染缸，好孩子进去，差孩子出来！在这些学校，别谈学到什么。

重点小学、重点初中、重点高中，这三个重点，一个不能少。落下任何一个，都很可能导致一步跟不上，步步跟不上。

名额如此紧缺，事态如此严峻，家长不操心，怎么可能？

为什么各地补习班屡禁不止？

有市场啊！

中国教育制度的设计者们，千万不能再去蹂躏我们孩子脆弱的自信心。

我深深地知道：

一个不自信的孩子，一定内心没有力量。

一个不自信的孩子，一定没有激情。

一个不自信的孩子，一定眼神游离，毫无光泽。

那怎么办呢？

如果说，我们有些教育机构天天在挑衅孩子的自信，挑战孩子自尊的极限，亲爱的家长，你可不能稀里糊涂成为亲手毁掉孩子未来的帮凶？

在我看来，谁毁掉了孩子的自信，谁就毁掉了孩子的未来。

至此，有一个问题必须直面：

面对恶劣的教育环境，家长如何冷静应对，培养孩子的自信？

你是否听过这样一个故事？

　　一天，有人找到一位会移山大法的大师，央其当众表演一下。大师在一座山的对面坐了一会儿，就起身跑到山的另一面，然后说表演完毕。

　　众人大惑不解，大师道：这世上根本就没有移山大法，唯一能够移动山的方法就是——山不过来，我就过去。

培养孩子的自信，外部环境不好，家长上。

亲爱的家长，你自信吗？

如果你自信，请问你的自信来自何方？

如果你不自信，请问你如何让自己从不自信到自信？

如果这个问题你说不知道，你又如何让自己家那个并不自信的孩子变自信？

如果你说"我就是不知道，所以才买你的书，跟你学"，那我告诉你：

"自信来自成功，尊严来自自信！"

老师是干什么的？

老师就是帮助孩子树立自信的。

怎么树立？

就是不断创造机会让孩子获得成功。

一个一个小小的成功汇聚成许多成功，许多成功铸就一个孩子的自信！

作为家长，每天面对孩子，也一样——那就是要不断创造机会让孩子获得成功，体验成功所带来的快乐。我们永远要记住，我们一切工作的出发点和归宿都是促进孩子获得成功，享受快乐！

古人说："失败是成功之母！"

我说："成功是成功之母，失败是成功的舅舅！"

为什么这么说？

如果失败真是成功之母，为何有那么多人失败，却难产成功呢？

其实，失败只能让人吸取教训，避免失败！

对于极度理性的人来说，或许，失败真是成功之母。

但是，我们大多数人毕竟是凡夫俗子，人毕竟是"感性动物"。

很多人无论是工作还是生活，遭遇失败后，均非常痛苦，十分沮丧。有些人因走不出失败的影子而逐渐失去做事的兴趣，严重者，甚至得"抑郁症"。

相反，成功是成功之母，恰恰因为成功可以点燃你的自信、唤起你的斗志、鼓舞你的士气。

可能有的人会说："我从来没成功过。"

错误！每一个人都成功过，只是我们大家对成功的理解有所不同。

什么叫成功？在对的时间、对的地点、与一群对的人，做对了自己想做的事。

成功跟你是普通人还是人才没有太大的关系。普通人放对了地方叫人才，人才放错了地方就是普通人一个。

没有一个人敢说，我方方面面都很成功。

大多数人都是在某一个领域、某一个方面或某个岗位成功。

人人都有自己的不足。

你生命的目的不是弥补自己的不足，而是弘扬自己的长处！不要一味去弥补你的不足——因为，即便你的不足得到了提高，在这个世界上，总会有那么一群人，在某个领域他们具有天赋，天生就比你强，你再怎么努力也无法达到他们的境界。

人生的哲学就是要发现自己的长处，发挥自己的长处，扬长避短。

人生的哲学就是要发现自己的成功，复制自己的成功，放大自己的成功。

这些思想，你有吗？

有一位女士要去美国，因为担心英语口语太差，无法适应国外生活，所以，她拼命在国内报班学口语，以期尽早到美国和老公、孩子团聚。但是，单位日常工作很忙，计划赶不上变化，她根本无法在预定的时间去跟老外学口语。因此，水平提高很慢，她很是苦恼。

我提醒她："成功是成功之母！你为什么非要纠缠自己的口语问题呢？"

我说："你一直在做建筑设计工作，做了十几年，非常不错，所以你的成功应该是建立在这个基础上；也因为建筑设计哪个国家都需要，所以你在美国也会找到工作。"

我还跟她说　"你是不是担心，人家觉得你英语不行，不要你？那你告诉他，'我免费帮你设计，给我一个月的时间，如果证明我不行，我一分钱不要。'没有人会拒绝你，因为你有 10 年的工作经验。在这一个月中，你只要能够证明自己的价值，那么你老板在第二个月一定会付钱给你；具体数目那是另外一回事。这种做法能让你轻松地通往美国，而且你的口语在工作中一定会有很大的提高。"

她后来听从了我的建议，成功去了美国。

有一个阶段，家教领域，"赏识教育"很火。

我觉得"赏识教育"之所以火，是因为"赏识教育"契合了"成功是成功之母"这个理念。

很多优秀的父母，特别能发现孩子的成功，复制孩子的成功，放大孩子的成功。

有一个故事至今还让我感动：

有一位妈妈第一次参加家长会，幼儿园的老师说："你的儿子有多动症，在板凳上连三分钟都坐不了，你最好带他去医院看一看。"

回家的路上，儿子问妈妈老师都说了些什么，她鼻子一酸，差点儿流下泪来。因为全班 30 位小朋友，唯有他表现最差；唯有对他，老师表现出不屑。

然而她还是告诉她的儿子："老师表扬你了——说宝宝原来在板凳上坐不了一分钟，现在能坐三分钟了。其他妈妈都非常羡慕妈妈，因为全班只有宝宝进步了。"

那天晚上，她儿子破天荒吃了两碗米饭，并且没让她喂。

儿子上小学了。

又一次家长会。老师说："全班50名同学，这次数学考试，你儿子排第四十名，我们怀疑他智力上有些障碍，您最好能带他去医院查一查。"

回家的路上，她又流下了泪。

然而，当她回到家里，却对坐在桌前的儿子说："老师对你充满信心。他说了，你并不是个笨孩子，只要能细心些，会超过你的同桌，这次你的同桌排在第二十一名。"

说这些话时，她发现，儿子黯淡的眼神一下子充满了光，沮丧的脸也一下子舒展开来。她甚至发现，儿子温顺得让她吃惊，好像长大了许多。

第二天上学时，儿子去得比往常都要早。

孩子上了初中，又一次家长会。她坐在儿子的座位上，等着老师点她儿子的名字，因为每次家长会，她儿子的名字都在差生的行列。

然而，这次却出乎她的预料，直到结束，她都没有听到。她有些不习惯，去问老师，老师告诉她："按你儿子现在的成绩，考重点高中有点儿危险。"

她怀着惊喜的心情走出校门，此时她发现儿子在等她。

路上她扶着儿子的肩膀，心里有一种说不出的甜蜜，她告诉儿子："班主任对你非常满意，他说了，只要你努力，很有希望考上重点高中。"

当第一批大学录取通知书下达的时候，学校打电话让她儿子到学校去一趟。她有一种预感，她儿子被清华录取了，因为在报考的时候，她跟儿子说过，她相信他能考取清华大学。

他儿子从学校回来，把一封印有清华大学招生办公室的特快专递交到她的手里，突然转身跑到自己的房间里大哭起来，边哭边说："妈妈，我知道我不是个聪明的孩子，可是，这个世界上只有你能欣赏我……"

这时，这位妈妈悲喜交加，她再也按捺不住十几年积聚在心中的泪水，任它落在手中的信封上……

成功不仅需要赏识，成功更强调循序渐进，把大目标拆分成小目标，各个击破。

有一个故事也很有意思：

1968 年的春天，罗伯·舒乐博士立志在加州用玻璃建造一座水晶大教堂。教堂的预算为 700 万美元，这对当时的舒乐博士来说是一个天文数字。当天夜里，舒乐博士拿出一页白纸，在最上面写上"700 万美元"，然后又写下了 10 行字：

一、寻找一笔 700 万美元的捐款；

二、寻找 7 笔 100 万美元的捐款；

三、寻找 14 笔 50 万美元的捐款；

四、寻找 28 笔 25 万美元的捐款；

五、寻找 70 笔 10 万美元的捐款；

六、寻找 100 笔 7 万美元的捐款；

七、寻找 140 笔 5 万美元的捐款；

八、寻找 280 笔 2.5 万美元的捐款；

九、寻找 700 笔 1 万美元的捐款；

十、卖掉 1 万扇窗，每扇 700 美元。

第六十天，舒乐博士用水晶大教堂奇特而美妙的模型打动富商约翰·可林捐出了 100 万美元。

第六十五天，一位倾听舒乐博士演讲的农民夫妇，捐出了 1000 美元。

第九十天，一位被舒乐孜孜以求精神所感动的陌生人，在生日的当天寄给舒乐博士一张 100 万美元的银行本票。

第二年，舒乐博士以每扇 500 美元的价格请求美国人认购水晶大教堂的窗户，付款的办法为每月 50 美元，10 个月分期付清。6 个月内，1 万多扇窗全部售出。

1980 年 9 月，历时 12 年，可容纳一万多人的水晶大教堂竣工，成为世界建筑史上的奇迹与经典，其最终的造价为 2000 万美元，全部是舒乐博士一点一滴筹集而来。

不是每个人都要建造一座水晶大教堂，但是每个人都可以设计自己的梦想，每个人都可以通过一步步的具体行动去接近自己的目标，去实现自己的成功。

伟大的成功一定是由无数的小的，甚至微不足道的成功汇聚而成。

第十三章　方法总比困难多

小时候，我父亲常常教育我：只要思想不滑坡，方法总比困难多。

此后，每每在学习、工作和生活中遇到困难，我就总想到这句话。

近些年，随着自己经历的事越来越多，我突然发现，一个没有经历过风雨的人，跟一个经历过风雨的人相比，同样感慨"方法总比困难多"的时候，其内涵相差甚远。

远的不说，就说大家很熟悉的国美创始人黄光裕。我相信，黄光裕在监狱里和自己的下属商量如何对付陈晓的时候，他所说的"方法总比困难多"，一定比你现在待在家里，斜躺在沙发上或床上，看我这本书时嘴里念叨着的"方法总比困难多"，要意味深长很多。

只要思想不滑坡，方法总比困难多。

这里面，有两个问题：

第一个问题："只要思想不滑坡"里的"思想"是指什么？

第二个问题：具体遇到困难怎么办？方法从哪里来？

在我分析这三个问题之前，我想问一下我们的家长？

在日常工作和生活中，你怕事吗？

怎么衡量一个人是否怕事？

怕事的人，遇事表现为着急、埋怨、不知所措。

不怕事的人，遇事表现为沉着、冷静、积极应对。

我发现我的父亲，他一辈子忠厚老实，就有些胆小怕事。

我们家兄弟姐妹仨。我上有姐，下有弟。我们仨都远离父母在外地工作。

每次春节回家探亲，我记得我父亲总要告诫我们："在外头工作，别没事找事，让我们担心；你妈和我年纪渐渐都大了，折腾不起了。"

我在想，他常教导我，只要思想不滑坡，方法总比困难多。照理，他应该不怕事。可他怎么这么怕事呢？

这让我警觉：一个道理，会说是一回事；会做又是另一回事；做到位更是另一回事。

所以，我想，一个人如何看待不期而至、乱七八糟的"事"，或许就是"只要思想不滑坡"里的"思想"所最为关注的。

对待不期而至、乱七八糟的"事"，我希望我们的家长要持以下理念；我更希望，我们的家长能把这样一种理念，深深扎根在孩子的心田里。

人这一辈注定是要经历一些事的。

遭遇事本来就是生命的一部分。

世上有一个地方永远没事，这个地方叫墓地；只可惜这个地方咱现在去不了。

越怕事，越来事。祸不单行，福无双至。遇事莫着急、莫埋怨、莫慌张。永远要记住：天不会塌下来。

事不是拿来抱怨的，事是拿来解决的。

有事叫正常，没事叫超常。

我们努力避免出事，但出了事我们也不怕。

不出事或许还看不出我的价值；出了事、处理好事，或许更体现我的价值。

这又正验证那样一句古话：

天将降大任于斯人也，必先苦其心志，劳其筋骨，饿其体肤，空乏其身，行拂乱其所为，所以动心忍性，增益其所不能。

什么意思？

老天啊，它总是在把重任交到一个人身上之前，先苦其心志，劳其筋骨，让他挨饿，让他饿瘦，让他终日迷糊，净做错事，最终，让他自己觉醒，坚定性格，及时弥补自己不具备的才能。

以上是我对第一个习题——"只要思想不滑坡"里的"思想"到底指什么的思考。

现在回答第二个问题：具体遇到困难怎么办？

当困难扑面而来的时候，由于我们的心态是平和的，由于我们的头脑是冷静的，我们就可以聚焦问题的解决了。

我们首先要学会把困难分解，采取各个击破法。先解决那些重要并且紧迫的，那些重要不紧迫、紧迫不重要、不紧迫不重要的事统统放一边去。

如果重要并且紧迫的问题，我们用力了还是解决不了，我们不必懊恼，随它去！这说明解决这些问题的时机并没有成熟。

懊恼这些问题得不到解决，正如懊恼"水为什么不能倒流""太阳为什么不能从西边出来"一样，没有太多意义。

我们要善用资源。打开手机，从第一个翻到最后一个，看看谁能帮到你。

多听听能帮到你的人的意见，或许"踏破铁鞋无觅处，得来全不费工夫"。

有一个故事很有意思：

一位父亲和他7岁大的儿子整理后花园，他们遇到了一块埋在土中的大石头。父亲觉得这是一个教育孩子的好机会，于是要孩子自己将大石头移开。

孩子推了半天，石头仍然不动，就聪明地在旁边挖了个洞，找来一根木头插进洞中，把另一块小石头垫在底下，使劲儿地往上撬，但大石头仍纹丝不动。显而易见，以他的力气是不足以搬动大石头的。

孩子告诉父亲他搬不动，父亲在一旁鼓励着说你要尽全力。

这一次，孩子用尽了全身的力气，小脸憋得通红，到后来将整个身体的重量都压在木头上了，石头仍纹丝不动。

孩子大喘着气，颓然坐下。

父亲和蔼地走到他身边，问道："你确定你真的用尽全力了吗？"孩子说当然用尽了。

这时父亲温柔地拉起孩子的小手说："不，儿子，你还没有用尽全力。我就在你旁边，可你没有向我求援。"

我们要正确看待困难及问题。有人说，危机=危险+机会。危机中尚且隐藏着机会，更何况一般的困难和问题呢？

有这样一个故事：

美国很有名的一位建筑师阿瑟赚了好多的钱，可是因为最近的一次致命错误，他把过去所赚的钱通通赔光了，公司宣布破产。

他一下子失去了目标。

他开车乱跑一通。

他来到华盛顿地区的广场，不经意地撞到一个人。那个人本来很生气，没想到抬头一看：

　　"啊？怎么是你，阿瑟！你怎么会来这里呢？"

　　阿瑟说："哎哟！说起来很不好意思！"

　　朋友说："有什么关系呢，我们是多年的朋友，你有什么问题就说吧。"

　　阿瑟沮丧地说："我的公司破产了，我现在变成了一个穷光蛋，我真有点儿不知所措了。"

　　他的朋友一听反而笑了，拍拍他的肩膀说："阿瑟，破产有什么了不起啊！五年前我还不是破产了，但是我现在又爬起来了！来，我请你喝咖啡，我好好地告诉你我应对破产的经验。"

　　两个人一聊，结果，竟然聊出了很具体的结论：原来破产的人急需要找人去诉诉苦，才能够从破产里面挣脱出来！所以两人马上决定成立一个"失败者联谊会"。只有破产过的人才可以参加该会，而且这个联谊会里，还特别规定每一个人必须成为别人的老师，要非常坦诚地跟别人分享他的失败经验，让其他人能够知道怎么样重新再来。

　　这两个人创立的联谊会后来大获成功，不仅网罗了大批"破产者"，而且极大地拓宽了他们的交际圈，为他们的生活和事业赢得了更多的机会。

看了上面这个故事，你有什么体会？

不要让错误的意识占据大脑。要正确对待生活中的困难和挫折，从积极的一面赋予"问题"以新的含义。在很多情况下，一些问题虽然高举"此路不通"的警示牌，但仔细研究就会发现，在它周围就隐藏着"机遇"。

还有一个故事：

　　美国有个叫杰福斯的牧童，他的工作是每天把羊群赶到牧场，并监视羊群不越过农场的铁丝到相邻的菜园里吃菜。

有一天，小杰福斯在牧场上不知不觉睡着了，不知过了多久，他被一阵怒骂声惊醒了。只见老板怒目圆睁，大声吼道："你这个没用的东西，菜园被羊群搅得一塌糊涂，你还在这里睡大觉！"

小杰福斯吓得面如土色，不敢回话。

这件事发生后，机灵的小杰福斯就想，怎样才能使羊群不再越过铁丝栅栏呢？

他发现，那片有玫瑰花的地方，并没有更牢固的栅栏，但羊群从不过去，因为羊群怕玫瑰花的刺。"有了，"小杰福斯高兴地跳了起来，"如果在铁丝上加一些刺，就可以挡住羊群了。"

于是，他先将铁丝剪成 5 厘米左右的小段，然后把它结在铁丝上当刺。

结好之后，他再放羊的时候，发现羊群起初也试图越过铁丝网去菜园，但每次都被刺疼后，惊恐地缩了回来，被多次刺疼之后，羊群再也不敢越过栅栏了。

小杰福斯成功了。半年后，他申请了这项专利，并获批准。后来，这种带刺的铁丝网便风行世界。

其实，每一个问题都隐含着解决的种子。故当我们遇到困难的时候，千万不要就此意志消沉，一蹶不振，应该乐观豁达，从没有可能中寻找可能，从困难中觅得契机。或许，那些让你跌倒的绊脚石，也可能变成你迈向成功的垫脚石。

第四部分

为什么我们的学校
总是培养不出杰出人才

从幼儿园到清华园

曾记得著名科学家钱学森有一句振聋发聩的发问：

"为什么我们的学校总是培养不出杰出人才？"

这个被称为"钱学森之问"的问题，已引起上至国务院总理，下至普通百姓的深思。

"钱学森之问"无疑是沉重的，也是不容回避的。

我们的学校如何培养出杰出人才？

关于这一点，我们一直在思考——

第十四章 独立精神，自由思想

"为什么我们的学校总是培养不出杰出人才？"

对于这个问题，仁者见仁，智者见智。

我估计，每个人至少都能说出一两个原因。

其中，不乏英雄所见略同的。

我以为，在公认的原因中，最亟须中国教育改革的，是如何重塑中国人的独立精神、自由思想！

亲爱的家长，你有独立精神、自由思想吗？你知道什么是"独立精神、自由思想"吗？

有资料表明，"独立精神、自由思想"一说最早出自清华，由国学研究院导师陈寅恪提出。

陈寅恪，1890年7月3日出生于湖南长沙，1969年10月7日卒于广东广州。

他与梁启超、王国维、赵元任并称为清华大学国学研究院四大导师。

据称，陈寅恪当年被推荐到清华的时候，时任校长见他一无学位二无论著，没想聘用。梁启超说："我梁某也没有博士学位，著作算是等身了，但总共还不如陈先生寥寥数百字有价值！"遂得聘。

1927 年的初夏，与陈寅恪有忘年交之称的国学大师王国维（1877—1927，字静安，号观堂），因痛感"五十之年，只欠一死，经此世变，义无再辱"，投颐和园昆明湖自尽。

闻此噩耗，陈寅恪悲痛万分。

在向王国维遗体告别的时候，清华学生均三鞠躬行礼，唯独陈寅恪行三拜九叩大礼。

陈寅恪在《王观堂先生挽词序》中写道：

> 凡一种文化值衰落之时，为此文化所化之人，必感苦痛，其表现此文化之程量愈宏，则其所受之苦痛亦愈甚；迨既达极深之度，殆非出于自杀无以求一己之心安而义尽也。……盖今日之赤县神州值数千年未有之巨劫奇变；劫尽变穷，则此文化精神所凝聚之人，安得不与之共命而同尽，此观堂先生所以不得不死，遂为天下后世所极哀而深惜者也。

只有陈寅恪能读懂王国维的死。

1929 年夏，清华国学院停办，该院师生为纪念王国维这位杰出的学者，募款修建了一块"海宁王静安先生纪念碑"。

应广大师生邀请，陈寅恪亲自撰写碑文。

其文曰：

> 士之读书治学，盖将以脱心志于俗谛之桎梏，真理因得以发扬。思想而不自由，毋宁死耳。……生之著述，或有时而不彰。先生之学说，

或有时而可商。唯此独立之精神，自由之思想，历千万祀，与天壤而同久，共三光而永光。

碑文大致意思是说，一个人啊，不管是读书还是做学问，最主要的是要具有自由的意志和独立的精神，必须脱掉"俗谛之桎梏"，真理才能发挥；受"俗谛之桎梏"，就没有自由思想，就没有独立精神。思想不自由，宁可死。你写的书，或许表现一般；你所做的学问，或许还有值得商榷的地方，但唯独独立精神、自由思想，不管在哪个年代，将与天地共存，将像日、月、星一样永放光芒。

这哪是陈寅恪在说王国维，其实是陈寅恪自己治学理念的写照。

按照时下的盖棺定论，陈寅恪是中国现代历史学家、古典文学家和语言学家。其实，真实的陈寅恪是个博学多才的大师，除了上述几"家"之外，他在宗教学、民族学、人类学、校勘学等方面皆有独到的研究，并留有诸多相关的著作。当年在科学、文化、教育、艺术门类里，被冠为"泰斗""宗师"者为数不少，但唯有陈寅恪被誉为"教授的教授"。陈寅恪在清华园教书的那些年间，逢他讲学，不仅本校学生云集，外校的学生也多有蜂拥而至的时候，就连朱自清、冯友兰等知名教授也时常去旁听他讲课。人们敬佩的是他的博学多才，人们敬佩的是他崇尚的独立自由，难怪傅斯年对他的评价是"陈先生的学问，近三百年来一人而已"。

陈寅恪不仅博学多才，而且治学严谨，即使是在双目失明之后，备课讲学也是极为认真。他素来鄙视那些靠着一本讲义讲多年的教授们，认为这样做不但是误人子弟，还无异于图财害命。陈寅恪讲学有个业内人士皆知的"四不讲"原则，即："前人讲过的我不讲，近人讲过的我不讲，外国人讲过的我不讲，我自己过去讲过的也不讲，现在只讲未曾有人讲过的。"

陈寅恪讲史，从不趋炎附势、敷衍塞责，更不会武断歪曲和断章取义，而是实事求是，说之求理，旁征博引，言之有据；他不会像一些新史家那样把学术作为政治的工具。他始终坚持做人的原则，敢做敢言，绝不媚上，更不向权力屈服。在 20 世纪 50 年代大张旗鼓地批判胡适思想时，陈寅恪便不屑地称之为"一犬吠声，十犬吠影"。

陈寅恪没有学位，但他的学问远远胜过那些有学位的。当年曾有人问及他为何不弄顶"博士帽"戴戴？他说："考博士并不难，但两三年内被一个主题束缚住，就没有时间学其他知识了。只要能学到知识，有无学位并不重要。"

有一件事，更能凸显陈寅恪的风骨。

1953 年，时任中国科学院院长的郭沫若提议成立三个历史研究所，拟由郭沫若、陈寅恪和范文澜分任上古史、中古史和近代史三所所长。郭沫若院长和李四光副院长分别致函，邀请陈寅恪从广州赴京任职。当时已经双目失明的陈寅恪在《对科学院的答复》里曾经说：

> 我要请的人，要带的徒弟都要有自由思想、独立精神。不是这样，即不是我的学生。
>
> 你以前的看法是否和我相同我不知道，但现在不同了，你已不是我的学生了，所以周一良也好，王永兴也好，从我之说即是我的学生，否则即不是。将来我要带徒弟也是如此。
>
> 不止我一人要如此，我要全部的人都如此。

以陈寅恪的"独立精神、自由思想"来反观中国的教育，尤其是高等教育，你看到了什么？

我没看到什么，我羞愧地只感受到两个字：汗颜。

大学曾经引以为傲的严谨风气和多元思潮正在慢慢凋零。一方面，上梁不正下梁歪，学术造假、抄袭成风正在师生之间交叉蔓延，国家的声誉受此拖累；另一方面，大学却正在有意或无意地用僵硬的价值观捆缚学生，使曾经多元和宽容的大学文化几乎荡然无存。

如此教育现状，还奢谈杰出人才的培养，岂不笑话？

大学是人生最美好的地方，也是人的价值观最后定型的地方。

众所周知，世界一流的大学，都有其独特的校训。

哈佛的校训："让你与柏拉图为友，让你与亚里士多德为友，重要的，让你与真理为友。"

耶鲁大学的校训："真理和光明"。

斯坦佛大学的校训："愿学术自由之风劲吹"。

日本早稻田大学的校训："学问独立，培养模范国民。"

北大、清华的校训也非常好。

北大的校训是："兼容并包，思想自由。"

清华的校训是："自强不息，厚德载物。"

这说明，我们的大学，在治校理念上是与世界接轨的。

蔡元培先生不仅为北大奠定了"兼容并包，思想自由"的大学精神，他还早在1919年就提出了中国现代大学的三项基本原则："第一，大学应当是独立的和自主的；第二，大学应当具有思想自由和学术自由；第三，大学学术与思想自由需要相应的自由的社会政治环境。"什么时候中国大学具备这三个条件，什么时候中国大学将真正跻身世界一流，而不是不断地变更跻身世界一流的时间表，给世人落下笑柄。

梅贻琦先生以"所谓大学者，非谓有大楼之谓也，有大师之谓也"改造清华，成功卓著，被誉为"清华之父"。在治校理念上，他紧随蔡元培先生。他说："对于校局，则以为应追随蔡孑民先生（注：即蔡元培）兼容并包之态度，以恪尽学术自由之使命。昔日之所谓新旧，今之所谓左右，其在学校应均予以自由探讨之机会。"

正是因为蔡元培这样的治校理念，使得那时的北大人才济济，充满活力。他们当中，最年轻的2x岁，平均30岁左右，富有朝气；他们当中，既有激进民主主义者陈独秀、李大钊，也有保守的刘师培、谋求复辟的辜鸿铭；既有主张白话文的胡适，也有反对白话文的黄侃，真的是百花齐放、百家争鸣。

也正是有梅贻琦这样的治校理念，培养出竺可桢、高士其、姜立夫、段学复、张子高、杨石先、叶企孙、周培源、钱三强、王淦昌、邓稼先、梁思成、杨廷宝、钱伟长、吴仲华、周光召、林宗棠、熊庆来、华罗庚、茅以升、吴有训、钱学森等一大批国家栋梁。

曾记得有人说过："没有能独立思考和独立判断的有创造性的个人，社会的向上发展是不可想象的。"

最近读到华中科技大学校长李培根教授的一个讲话稿，让我受益匪浅，现摘录讲话主要内容如下：

亲爱的 2010 级新同学们，你们好！

首先，请允许我代表学校党委和行政，向你们表示最热烈的欢迎！欢迎你们来到充满活力和激情的华中科技大学。

来到这里，你们或许会回味、也许是庆幸少年时代的结束，庆祝你们新时代的开始。在中学和大学里，你们的主要任务都是学习。在大学的学习生活即将开始之际，你是否开始质疑你中学的学习方式？你是否质疑你的学习目标？同学们，也许对你青涩时代的质疑能成为你今后成熟的开始。

耶鲁大学校长莱文在谈到中美大学生差异时曾说过，中国大学生相对欠缺质疑精神。现在进大学了，该正视这一点了。

你们的确要学会质疑。在中小学时期，你们确实缺少质疑的训练。你们习惯了培优的课堂，习惯了解题的技巧，习惯了考取名校的目标。你们质疑过吗？人生的真谛是什么？成功的诀窍是什么？踏入社会的本钱又是什么？所有这些，却并非是培优的课堂、解题的技巧、名校的光环。

让我们回顾质疑的力量。

当今以色列文坛最杰出的作家阿摩司·奥兹认为，质疑是犹太文化的一个秘密。我认为这也是犹太民族保持巨大创造力和旺盛生命力的最重要的因素。

质疑是创造的基础，是激励、激活创造性思维、产生求新求异欲望和敢于进行创新活动的源泉，是人类社会发展的不竭动力。

质疑是科学进步的基础。哥白尼正是质疑托勒密体系，使他成为推翻"地心说"的第一人，也使他真正成为近代科学质疑的第一人。

质疑是技术进步和产业发展的基础。法拉第对是否可能由磁产生电的质疑使他发现了电磁感应现象，随后使人类进入了电气时代；没有对大型计算机功能的质疑，便不会有个人电脑的出现，更不会有划时代的微软和比尔·盖茨。

质疑也是社会发展的基础。在改革开放前夕的中国，有人开始质疑真理的标准。随即引发了关于真理标准的大讨论，逐步产生了"实践是检验真理的唯一标准"的共识。那便是中国一直持续到今天的改革开放的理论基础和思想准备。可以说，没有质疑就不会有"实践是检验真理的唯一标准"的共识；没有质疑就不会有第一次思想大解放；没有质疑甚至不会有中国近三十多年翻天覆地的变化。同学们，这就是质疑的力量！

让我们看看质疑需要什么？

质疑需要追求。质疑需要追求真理、需要求是。同学们，"求是"是我们校训的基本成分。求是就是要求我们不断追求真理，不管你是有志于科学发现还是政治引领，追求真理是其共同的品质。

质疑需要正义。人类社会需要和谐，和谐的基础是正义。青年知识分子要有良知和责任，这些都源于基本的正义感。不讲正义的质疑甚至是有害的。同学们，如果你想成为一个真正的人、大写的人，你应该会质疑很多社会现象，其基本的需要却是正义。

质疑需要勇气和胆量。那是因为，质疑的对象往往和权威联系在一起。布鲁诺实际上质疑了教会的权威。在当时，那可是绝对的权威。更多的人在工作和生活中，都会碰到权威。学科中的领头人、单位的领导，乃至高级官员，都可能是权威的代表。有时候，质疑会不经意地挑战权威；有时候，质疑的对象可能直接是权威。如果你真是为了追求真理、追求正义，质疑权威就不可怕了。布鲁诺为了追求真理，勇敢地面对刽子手说："你们宣读判决时的恐惧心理，比我走向火堆还要大得多。"同学们，想想布鲁诺在罗马的百花广场上英勇就义时的情景，那需要何等的勇气和胆量！

如果用一句话表示质疑最需要什么，则是需要科学精神。求是、正义、勇气等，不过是科学精神与品质的外在表现。

你们最需要质疑什么？

你们首先需要质疑曾经的学习目的以及方式。在中学里，很多同学为了考取大学或者一流大学而学习。虽然这也算是情理之中，但目标和目的显然不高。中学里，你们习惯了老师的灌输，你们致力于掌握解题的技巧，然而却忽略了思想与哲理的领悟，忽视了自己潜能的开发。

要敢于质疑权威和先贤。亚里士多德认为"物体下落速度和重量成比例"，而伽利略的质疑以及他在比萨斜塔上做的实验推翻了先贤亚翁的学说。

有时候也需要质疑常识。曾经，"地心说"就是那时的常识。后来的质疑终于使人们认识到当初地心说的"常识"并非真理。即使某一个常识并非谬误，但对它的质疑也可能促使对其更本质更深刻的认识。牛顿质疑苹果为什么会掉到地上，物体自由落体时掉到地上难道不是常识？牛顿的质疑产生了对自由落体物理本质的认识。更深层次、更本质的认识其实也是一种发现。即使常识就是真理，至少从学习的角度而言，质疑也可加深对真理或知识的认识深度。

高明的人常常质疑自己。有时需要质疑自己已有的选择。有时需要质疑自己的行为。当你对网络或游戏产生一种特别的快意时，一定质疑自己是否已经对网络或游戏产生不正常的沉迷。万一有一天你陷入之中而难以自拔时，你更需要质疑自己的行为，自己的责任何在？

有时候不妨质疑自己的质疑。可以质疑一下自己的质疑是否有道理、是否有意义。质疑自己的质疑或许是一种"否定之否定"，学习中的这种质疑往往能使你对知识的理解或感悟进入一个更高级的阶段。

在华中科技大学，你们还可以质疑这所学校的某些做法，还可以质疑校长。质疑与批判的自由正在成为华中大的一种文化。当质疑的利剑高悬，华中科技大学和她的校长就永远不会忘记"以学生为本"，华中大也会在质疑中前进，在批判中成长，在质疑与批判中步入一流。

同学们，关于质疑，你们知道还要注意什么吗？

疑问是质疑的基础，或者说质疑发端于疑问。真正的学习一定要有疑问，没有疑问的学习不能算作真正的学习。清人刘开《问说》中言："君子学必好问。问与学，相辅而行者也，非学无以致疑，非问无以广识。"清朝另一学者陈宪章认为"学贵有疑，小疑则小进，大疑则大进"，可见疑问之重要。"疑"不要仅停留在自己心中，有疑则问。在老师心目中，没有愚蠢的问题，而讥笑提问者却是愚蠢的。当然，疑问还不能算作质疑，或许可以说疑问只是学习的初级阶段，质疑则是学习的更高阶段。

质疑常常产生于逆向思维。有时候真理就潜藏在对常识的逆向思维中。法拉第不就是对电产生磁的现象进行逆向思维才发现磁也可以产生电吗？

质疑不需要虚荣。当质疑权威时，免不了有人说不知天高地厚；当质疑常识时，免不了有人说连常识都不懂。虚荣的外衣没有用，不妨用你的本真去求是和接受真理。

质疑不需要功利，甚至不需要目的。孟德尔家境贫寒，为了探索遗传的奥秘，他进行了长达八年之久的豌豆实验。他的研究成果被埋没三十多年才为科学界所承认，直到他去世前也没能看到应该得到的荣耀。但是，科学精神而非功利支撑了他对研究的兴趣与信心。也许你们看到今天的社会很功利，但是请相信，中国恰恰将在你们年轻一代身上找回科学精神，在你们之中呼唤出更多的"赛先生"。这可是中国之希望所在。

质疑不是怀疑一切，不要为质疑而质疑。把质疑变成怀疑一切，只会使自己陷入质疑的偏执，甚至使自己心理失衡。对社会的一切都看不惯，甚至以质疑去哗众取宠的人，最终有可能成为社会的弃儿。同学们，华中科技大学的学子们，请学会质疑。未来的学术泰斗、未来的政界领袖、未来的商界精英，他们共同的、基本的素养之一，那便是质疑。华中科技大学，她快速、持续发展的文化基因，也有质疑！

第十五章　文理会通，大师在这里孕育

　　我现在从事的是学前教育事业，与我过去在清华读的建筑、中文没太大关系，所以，自清华毕业以来，我很少跟母校联系。起初不联系是感觉有点儿不好意思——一个清华毕业生，不去做工程师，而去做幼教，是不是在原单位混不下去了？后来不联系则是忙——有人说，"忙"，左边是"忄"（竖心旁），右边是"亡"；所谓"忙"，就是心死了。即便别人如此调侃"忙"，我还是每天闲不下来。

　　有一天，我去清华办事，偶遇我中文系的一个学弟。我这个学弟，现任清华新闻与传播学院党委书记。我问他在忙什么？他说，他正忙着给徐葆耕老师出版《清华精神生态史》。这本书，原本是徐老师准备自己献给母校建校100周年的，只可惜，因积劳成疾，2010年3月14日，徐老师病逝，享年73岁。

　　徐葆耕老师，清华大学中文系系主任，清华才子。著名影片《邻居》，就是由他编剧。在清华中文系的历史上，有两个任职时间超过10年的系主任，一个是朱自清先生，一个就是徐葆耕老师。

　　徐老师是我清华求学生涯中的恩师。如果没有他的推荐，我就不可能去到教育部《中国教育报》做记者，自然也就不会走上教育这条路。我很愧疚，在徐老师生命的后期，我没有为他做点什么。记得 2007 年，我有一次得到他的 E-mail，我给他去了一封邮件，表示想去看他。他回邮件说："红兵：收到你的信很高兴！我一切都好，只是耳朵聋了，三年前退休，到深圳的清华研究生院工作了两年，去年年底回到北京，现在还上一点课，自己写点书。常常想起你们。你不必专门来看我，经常保持点联系就好了。代我向其他同学问候，祝诸事顺遂！徐即日。"我也就耽搁了。人生无常。不想，等我再获得他消息的时候，他已经去世了。

我问学弟，需要我做点什么？学弟说："没有别的。不过，我有个建议，你若想写好《从幼儿园到清华园》，一定得读读徐老师的《紫色清华》及《清华精神生态史》。"

我赶紧找来《紫色清华》。在书中，我看到这句话："如果说本世纪的大师产生于中西会通的话，我相信，新世纪的大师将产生于文理会通。"我不禁为这个论断叫好。这是我以前在清华读书时未曾听到徐老师讲过的。

整个社会，不少有识之士在呼吁"高中取消文理分科"，也有不少有识之士在阐述大学文理兼修的重要性。但像徐老师这样，把文理兼修问题提到"新世纪的大师将产生于文理会通"这个高度，在我看来，前所未有。

我突然想到，著名科学家钱学森也是持这个观点的。

大家都知道，钱老去世前，温家宝总理每年都去看他。每次温总理去看望他，他总要提醒温总理关注一下，为什么我们的学校总是培养不出杰出人才？我想，钱老自己这么关注这个问题，一定有他独特的思考。所以，我向著名思维科学家、"相似论"的创立者张光鉴研究员提议，找个时间，我们一起去拜访一下跟随钱老 26 年之久的秘书兼学术助手涂元季，向他了解个究竟。张老师电话联系涂元季，涂元季很快答应了这事。

我向涂元季询问了以下两个问题。第一，钱老心目中的杰出人才是什么标准？第二，他认为应该怎么解决这个问题？

涂元季说，钱老心目中的杰出人才要比一般的专家、院士高出一大截，用他的话说叫"科技帅才"。这样的杰出人才不仅要在国内某一领域位居前沿，而且要在全球科技领域让人一提到就竖起大拇指；不仅个人要具备拔尖的学术水平，还要有本事团结一大批人、统领一大批专家攻克重大的科技难关。尽管钱老自己没说过，但钱老所说的杰出人才其实就是像他一样，能带领大家把导弹搞出来的人。

涂元季还说，钱老认为，杰出人才的产生第一离不开宽松的学术氛围，第二一定要注重理、工、文三者的兼收并蓄。

我问涂元季，为什么钱老特别倡导，杰出人才培养，一定要注重理、工、文三者的兼收并蓄呢？涂元季说："钱老一直认为，现在大学专业分得太细，这是个问题。新中国成立以来，我们按照苏联的模式，大学专业分得很细。在钱老内心里面，他对苏联那一套不欣赏，他比较欣赏美国的那一套，就是理工结合。这源自他在美国学习工作期间的亲身体会。自回国后，钱老对这个问题就一直有看法、有意见，他认为学科分得这么细，培养不出拔尖人才。尽管囿于当时国内外政治环境，他不能提出这些意见，但在工作中他还是尽其可能积极而巧妙地推动一些改革。1958年中国科学技术大学创立时，他作为倡导者之一，就是按照理工结合的模式设置专业与课程的。为给学生打下深厚的理论功底，他曾经邀请著名物理学家严济慈和化学家蒋丽金为他执教的近代力学系的学生分别讲授物理和化学。"

涂元季还讲述了钱老1958年担任中国科学技术大学近代力学系系主任时的一个例子。

有一年，近代力学系的学生毕业考试，钱学森出了一题"从地球上发射一枚火箭，绕过太阳，再返回到地球上来，请列出方程求出解"。时至中午无人答出，还晕倒了几个学生。他说，先吃饭吧，回头接着考。饭后学生们重返考场，时至傍晚，全班只有几个学生及格。一场考试表明学生数学基础不牢，钱老当时决定，全班推迟毕业，再学半年，

157

主攻数学，打好数学基础。如今这个班里的很多学生成了院士，忆及当年，都觉得那半年获益匪浅。

钱老晚年认真思考过杰出人才培养的问题，他的观点也由理工结合发展为科学与艺术的结合。钱老经常说，学理工的，要懂一点儿文学艺术，特别是要学会文学艺术的思维方式。科学家要有点儿艺术修养，能够学会文学家艺术家那种形象思维，能够大跨度地联想。钱老在谈到科学与艺术的关系时曾说过，科学的创新往往不是靠科学里面的这点逻辑推理得出来的，科学创新的萌芽在于形象的思维，在于大跨度地联想会突然给你一个启发，产生了灵感，你才有创新。灵感出来了以后，再按照科学的逻辑思维，去推导去计算，或者设计严密的实验去加以证实。所以科学家既要有逻辑思维也要有形象思维。逻辑思维是科学领域的规律，很严密。但形象思维是创新的起点。

钱老自己还讲过他在美国加州理工学院所受的教育：

加州理工学院还鼓励那些理工科学生提高艺术素养。我们火箭小组的头头马林纳就是一边研究火箭，一边学习绘画，他后来还成为西方一位抽象派画家。我的老师冯·卡门听说我懂得绘画、音乐、摄影这些方面的学问，还被美国艺术和科学学会吸收为会员，他很高兴，说你有这些才华很重要，这方面你比我强。因为他小时候没有我那样的良好条件。我父亲钱均夫很懂得现代教育，他一方面让我学理工，走技术强国的路；另一方面又送我去学音乐、绘画这些艺术课。我从小不仅对科学感兴趣，也对艺术有兴趣，读过许多艺术理论方面的书，像普列汉诺夫的《艺术论》，我在上海交通大学念书时就读过了。这些艺术上的修养不仅加深了我对艺术作品中那些诗情画意和人生哲理的深刻理解，也学会了艺术上大跨度的宏观形象思维。我认为，这些东西对启迪一个人在科学上的创新是很重要的。科学上的创新光靠严密的逻辑思维不行，创新的思想往往开始于形象思维，从大跨度的联想中得到启迪，然后再用严密的逻辑加以验证。

钱老一生兴趣广泛，知识面很宽，他不仅是科学大师，而且在音乐、绘画、摄影等方面都有较高的造诣。在早年求学时他虽然学的是自然科学，但同时也学过钢琴和管弦乐，曾是上海交大铜管乐团的重要成员。他曾师从著名国画大师高希尧先生学习绘画，而且成绩很好，得到高先生的表扬。他常说，他在科学方面取得如此的成就，得益于小时候不仅学习科学，也学习艺术，培养了全面的素质，因而思路开阔。

1991 年 10 月，国务院、中央军委授予钱老"国家杰出贡献科学家"荣誉称号时，他致谢时特别说起他的夫人对他的帮助，认为他的科学成就也要归功于夫人在音乐艺术方面给他的熏陶。

"从事科学研究如果只会逻辑思维，容易犯机械唯物论的错误。理、工、文三者的兼收并蓄，这应该就是钱老心目中培养杰出人才的必由之路吧。"涂元季最后说。

钱老对文理乃至科学与艺术、逻辑思维与形象思维彼此之间关系的思考，更加佐证了我老师的观点："如果说本世纪的大师产生于中西会通的话，我相信，新世纪的大师将产生于文理会通。"

我记得清华老校长梅贻琦在其代表作《大学一解》中说过：

今日而言学问，不能出自然科学、社会科学、人文科学三大部门。曰通识者，亦曰学子对此三大部门均有相当准备而已。分而言之，则对每门有充分之了解，合而言之，则于三者之间能识其会通之所在，而恍然于宇宙之大、品类之高、历史之久、文教之繁，要必有其一贯之道，要必有其相为因缘与相倚之理，此则所谓通也。

这段话什么意思？这段话是说，今天的学问啊，不外乎来自三个方面：自然科学、社会科学、人文科学。要说谁把三方面都学通了，一定是他对这三个方面均有相当的研究，并且找到了它们三者之间共有的规律。而恰恰是这个规律，让我们对天文、地理、历史、文化等全部打通；恰恰是这个规律，让我们坚信，规律都是相似的，规律都是相通的。

清华的老校歌中有这样一句："东西文化，荟萃一堂。"这说明清华是"中西会通"的。其实清华不仅中西会通，而且古今会通、文理会通。

清华有很多这方面的趣事。

在西南联大期间，有一次跑警报，邓稼先和杨振宁不知怎的躲在一个洞子里去了。听见敌机俯冲扫射的尖啸声，兄弟俩非但毫无惧色，反倒是很乐观、很轻蔑地嘲笑敌人的疯狂。炸弹在山头爆炸后，洞壁因受震而尘土纷纷崩落，他俩忙将头埋下来，等震波停止后，才慢慢掸去头发上、衣服上的泥土，望着彼此被泥土污得像花猴似的脸，哭笑不得。杨振宁禁不住脱口而出："唉，山河破碎风飘絮，身世浮沉雨打萍啊！"邓稼先觉得耳熟，忙问："这是谁的诗句？让我想想。'辛苦遭逢起一经，干戈寥落四周星。山河破碎风飘絮，身世浮沉雨打萍。惶恐滩头说惶恐，零丁洋里叹零丁。人生自古谁无死，留取丹心照汗青！'是文天祥，真是大义凛然，气节崇高啊。他好像是宋朝人。宋朝的诗人我还是偏爱陆游。'僵卧孤村不自哀，尚思为国戍轮台。夜阑卧听风吹雨，铁马冰河入梦来。'一片爱国赤诚，千古不朽的佳句啊。"

"我真佩服你的记性，振宁兄，你是用什么方法记忆的呢？"邓稼先不无钦佩地问。

"没有方法。一是喜爱，二是理解。喜欢了，理解了，遇到适当的环境，那些背诵过的便自己冒出来了。你怎么请教起我来了？你忘了在崇德中学时，咱俩比赛背唐人绝句，你比我行得多呢。"

"是啊，李白、杜甫、王昌龄、孟浩然，都是我们最喜爱的诗人。"邓稼先说罢停了停，忽然调皮地说，"我再背一首诗，考考你作者是谁，

'空山新雨后，天气晚来秋。明月松间照，清泉石上流。竹喧归浣女，
莲动下渔舟。随意春芳歇，王孙自可留。'"

"听诗情画意田园风味，好像是陶渊明的……"

"王维。这是我最喜欢的一位诗人。"

邓稼先与杨振宁在兰时都是物理系的学生。而对古典诗歌如此爱好、
修养如此之深，固然同家学有关，同当时联大"文理兼通"式的教学也有
关系，更同当时联大拥有一大批文化大师有关。联想到这两个学子在科技
方面精进的同时又表现出对我们民族的无限热爱和奉献精神，这难道不是
生动地表现出文理会通的价值吗？

我忽然意识到，我自己之所以能在学前教育领域取得一点点小成就，
也是得益于在清华的学建筑、学中文，读两个学位，文理双修啊！

"文理会通"不仅是社会、科技、文化发展的实际需要，而且也是智
者的精神内需。

诺贝尔奖获得者李政道写过一篇会见毛泽东的短文。那是在"文化大
革命"期间，毛泽东向他请教关于"对称"的问题，并对自己过去没有学
习科学感到遗憾。李政道清楚地感觉到，毛泽东提出的是物理学的问题，
而背后则是社会问题，即社会发展是否"对称"的问题。会见后，李政道说：
"在人所固有的自然界寻求对称的渴望与他对社会的要求之间存在一种关
联，两者同样是有意义的，而且也是均衡的。"

无独有偶。爱因斯坦认为，科学能告诉我们的是"是什么"，而我们
更渴望知道"应该是什么"，这就需要了解人文社会科学知识。一般来说，
智力较高的科技学者都不满足于对自己的研究对象仅做"是非判断"，而
渴望进一步做"价值判断"，价值判断不可避免地涉及人和社会，涉及这
方面的知识。对于爱因斯坦来说，科学研究只是他生活中的一部分，它服
务于一个更为博大的目标，为了实现这个更博大的目标，他研究哲学、艺
术，思考宗教、上帝。在爱因斯坦看来，离开对人和社会的研究去谈科学
是不可想象的。

爱因斯坦既做研究，更追求民主和自由，反对权威与专制。在1930年发表的思想杰作《我的世界观》里，爱因斯坦如是说：

"我的政治理想是民主。让每一个人都作为个人而受到尊敬，而不让任何人成为崇拜的偶像。"

爱因斯坦还在各地宣传他很多惊世骇俗的观点，"公民自由意味着人们有用语言表达自己政治信念的自由，宽容意味着尊重他人的无论哪种可能有的信念。""国家是为人而设立的，而人不是为国家而生存；国家应是我们的仆从，而我们不应该是国家的奴隶。""在原理上，每个人都同样地卷入到宪法权利的保卫之中……我认为这种责任就是拒绝与任何违反个人宪法权益的行动合作。宪法的力量完全在于每个公民捍卫它的决心。"

爱因斯坦认为，如果科学缺乏良知的约束，世界非常可怕。1939年8月2日，爱因斯坦出于对人类命运的极大关注，写信给罗斯福总统建议美国务必抢在法西斯德国之前制造出原子弹；后来，当原子弹真的从潘多拉魔盒里跳出来后，爱因斯坦陷入了巨大的后悔与痛苦之中，自认一生最大错误就是建议研制原子弹。他痛心地说，"早知如此，我宁可当个修表匠！"爱因斯坦就核武器问题的懊悔，代表了人类良知最高的高度，是人类良心发出的最强音。

中国哲学以实现"天人合一"为要旨。"天人合一"，就是主观世界与客观世界要高度和谐统一。显然，要达到主客观世界的统一，必须掌握主观世界与客观世界的规律性，也就是科技与人文知识，而且还要求这两者知识的会通。如果一个人头脑中的科技与人文知识处在对立、冲突的状态，他的精神世界将永不安宁。

第十六章 相似，创新之魂

曾记得，在 2006 年，我国政府就提出，要在 2020 年之前，把中国建设成创新型国家。我当时心里就在想，创新型国家需要创新型人才，创新型人才是培养出来的，还是先天的？如果是先天的，我们就不管了；如果是后天的，创新型人才培养的理论在哪里？课程在哪里？如果你说理论我们还没有，课程我们还没研发，那我们天天念叨，"在 2020 年之前，把中国建设成创新型国家"，道路是何其漫长？

现在各行各业，无不在谈创新。

做领导的，更是把创新挂在嘴边："创新将改变历史，不创新将成为历史。"

问题是，创新的理论在哪里？创新的思路在哪里？

我认为，相似，乃创新之魂。

什么是"相似"？

"相似"，或叫"相似论"，是钱学森弟子、著名思维科学家张光鉴教授创立的一套理论。

"相似"的定义是：

科学地讲，相似就是客观事物存在的同与变异的辩证统一。在客观事物发展过程中，始终存在着同和变异。只有同，才能有所继承；只有变异，事物才能往前发展。相似绝非等于相同。

"相似论"的基本观点是：

不论自然界还是人类的思维，由简单到复杂，由低级到高级的运动都是在相似的同与变异中进行的；

一切事物都是以相似性为中介而联系的；

一切创造，无论是自然界的创造还是人类的创造，都是基于某种相似性而进行的。

著名科学家高士其是这么来评价"相似论"的：

我们生活在科学的世界，我们更生活在规律的世界，每一件事都有其规律可循，科学本身就是在遵循规律、运用规律上的劳动创造。

世界上的事物，虽然千姿百态，但究其内在的本质，都有其相同的哲理，当我们摸清了事物各自迥异的个性后，就需要开始去寻找它们内在的共性，这才是一个明哲、智慧的做法，也是认识事物的最好途径。只有这样才能掌握大自然的运动规律，从而站在哲学的高度，通晓自然科学和社会科学领域的真谛。

张光鉴同志积几十年实践经验和工作方法，但他没有停留在一般的认识水平上，而不断扩大思想视野，广泛地联系各种事物，深入探讨了事物的本质，升华到理论高度，撰写了《相似论》著作。

对于相似，历史上有过不少论述。列宁曾经指出："历史有惊人的相似。"莱布尼茨也说过："自然界都是相似的。"然后又说："为什么相似，是神定的先定谐和。"针对这句话，列宁正确地指出："具有深刻的辩证法，虽然有僧侣主义的解释。"但是我们不妨站在唯物主义者的立场，把神的概念，理解为"大自然的规律"。这样就可以剔其谬误了。

总之，这两句话分别道出了相似的规律，既在社会科学领域，也在自然科学的领域。

从高士其先生的《序》中，我们不难得出：相似的规律，既在社会科学领域，也在自然科学的领域。

钱学森，是"相似论"的鼎力支持者。原来，张光鉴只敢提"论相似"，孰料，有一次，钱老对张光鉴说："老张，以后不要再'论相似'，就叫'相似论'吧！凭什么中国人没有自己的理论。""相似论"一说从此呱呱落地！

每每谈及此事，张老的眼里无不饱含着热泪，心中无不充溢着对钱老的感激之情："当时国内只有毛主席的'矛盾论''实践论'，国外有'系统论''控制论'，我怎么敢自立门户，叫'相似论'？没有钱老的支持，或许，我还停留在'论相似'阶段。"

钱学森是这么来评价"相似论"的：

关于形象思维，文艺理论家谈得很多，也有不少引人入胜的见解。科学技术人员一般不提什么形象思维，只有少数有成就的科学家在说到科学方法时讲过这个题目。

文学家和科学家的议论都近乎思辨性质，对我们有启发，但还有待于深化，是张光鉴同志，对形象思维做了有意义的探索，他归纳了大量的人的创造过程，提出"相似"的观点。当然，"相似"和"不相似"是辩证统一的。"相似"中有"不相似"，"不相似"中又有"相似"。"相似"的观点，或"相似论"，对说明形象思维在科学技术、工程技术中的重要性，很有价值。

两位顶级科学家如此推荐"相似论"，那"相似论"到底好在哪儿呢？

"相似论"好就好在它是人类创新之魂。

为什么说相似是创新之魂？

刚才我其实已经讲过，一切创造，无论是自然界的创造还是人类的创造，都是基于某种相似性而进行的。

先看看自然界的创造。

在自然界中，大至宇宙星系之间，小至每个原子运动的形式，都是按照相似性创造的。

首先看看宇宙星系。

学过地理的人都知道，月球围绕地球转，地球围绕太阳转。不仅地球围着太阳转，与地球相似的其他几颗行星，也正辛勤地围绕太阳转。

地球围着太阳系在转，那太阳系在围着谁转？

据说是围着银河系的质量中心转。

那银河系又在围着谁转？

如果"相似真是创新之魂"，那银河系外又是一番什么样的景色呢？是否存在跟银河系相似的系统在围绕着另外一个更大的系统在高速运转呢？

我有时就这么想着！

想着想着，思维便没有边界，一片空。

天上的一时想不明白，就想想视线所及范围。

俗话说："种瓜得瓜，种豆得豆！"

为什么瓜、豆相似它们的"父母亲"？

为什么张老师、马老师长得跟她爸她妈有些相像？

一个道理：生物之所以相似它的父辈，乃是由于它们都遗传了父辈的DNA。

这个遗传，不是完全复制，而是按照相似的规律，在重组、在变异、在创造！用专业的术语说，是在相似运动、相似联系、相似创造。

所以世界上没有完全一样的叶子，也没有完全一样的人。

当代颇受争议的克隆技术，其实就是在搞相似性的创造。

或许你会说，在我们周围的植物中，高至参天的松柏与小至原始的藻类就有本质的不同。

No！

所有的植物共同拥有相似的叶绿素。它们通过光合作用，吸收太阳能，来改变植物内部的碳、氢、氧、硫、氮、磷的不断排列组合，生成各种脂肪、蛋白质、糖、纤维素、维生素 A、维生素 B、维生素 C、维生素 D 等，植物才得以茁壮成长。

或许你会说，在动物界，精明强悍的人类与低等的软体动物在生长过程中所需要的物质、能量、信息有本质的不同。

No！

所有的动物共同拥有赖以生存的相似的血红素。它们吸进氧气，呼出二氧化碳，在体内不断产生氧化还原反应，与此同时，它们所吃的植物或其他低等动物被消化后转变成动物得以生存的能量。太阳能正是这样通过植物传递给所有动物的。

这正应了"文化大革命"期间那句话："万物生长靠太阳！"

万物是如何靠太阳的呢？

就是如此靠的。

我们为什么要吃饭？

因为我们要活着。

人要活着，就需要别人提供能量。

这能量，谁来提供？

只有太阳！

太阳是一切能量之源！

我们吃饭、吃菜、吃肉，都是在吸纳太阳能啊！

许多民族对太阳顶礼膜拜，把太阳供为祭祀的图腾，有的甚至还把太阳作为国旗的图案，其蕴意大抵如此。

正如贝时璋教授所言：一切生命的重要特征乃是物质、能量、信息三方面的协调配合发展的结果。

或许你会说，动物与植物有本质不同；叶绿素与血红素有本质不同。

No！

动物的线粒体呼吸链和植物的叶绿体非环状光合氧化还原链的化学原理是基本相似的。科学家彼得·米切尔为此在1978年获得诺贝尔化学奖！

现代科学进一步证明，叶绿素与血红素的化学结构也是相似的，都是卟啉络合物。叶绿素是卟啉结合了镁元素，血红素是卟啉结合了铁元素。客观世界中看来是风马牛不相及的人和植物都是由共同的祖先——核前生物体变异而来。

所以，自然界的创造，都是基于相似性在进行。

我们再来看看人类的创造。

人类的创造，也是基于相似性在进行！

你看，大多数民族都不约而同地经历了石器时代、陶器时代、铜器时代、铁器时代；社会都经历了原始部落社会、奴隶社会、封建社会、资本主义社会。

为什么会是这样？自然界的相似性使然。

在人类社会的初始阶段，人们天天接触的就是石头，由于自然界作用力是相似的，由此，世界各地诞生了大同小异的石针、石斧、石刀等工具，石器时代来临。到了后来，由于火的出现，人们发现陶土烧硬能制作各种各样的容器，说也怪，谁也没约定好，世界各地所有的容器都是底朝下，口朝上，为何？地球引力的相似性使然。自然，陶器时代接踵而至。此后，火继续烧，温度继续升，尤其是火山迸发后火山灰展现的千姿百态给了人类很大启迪，人们发现，金属在熔化过程中，铜的熔点比铁的熔点低，于是，铜器大量出现，铜器时代悄然而至。此后，铁器时代才姗姗而来。

为什么交通规则设计，绿灯行，红灯停？红色，让我们想到了火、血；绿色，让我们想到了和平、安宁、祥和。所以绿灯行、红灯停符合自然之道。

文学、艺术中，相似生比比皆是！

文学中强调的典型，修辞中强调的譬喻、摹状、对偶、排比，绘画中强调的神似、形似，音乐中强调的重复、再现，诗、词、歌、赋和戏曲中强调的音韵、曲调、桡式，都离不开相似这个核心。

比喻，找到两种事物之间现象的相似！比如，像雪一样的白。

隐喻，找到两种事物之间性质的相似！比如，毛主席，像太阳。

排比句，三个以上结构相似的句子。

对偶句，两个结构相似句子的连用。

中国人为什么喜欢背唐诗？

静 夜 思

李白

床前明月光，疑是地上霜。

举头望明月，低头思故乡。

结构相似、韵律相似、情景相似，所以很美，也朗朗上口。

如果改成"疑是地上盐"或者"疑是地上棉"，感觉如何？就不美了！

再看李白的另外一首诗：

望庐山瀑布

李白

日照香炉生紫烟，遥看瀑布挂前川。

飞流直下三千尺，疑是银河落九天。

李白，简直就是一个伟大的相似论实践者。

我们都有站在一泻千丈的瀑布前的那种痛快感；

我们都有停在潺潺小溪旁的闲适温情；

我们都有观赏暴风雨时获得的气势；

我们都有在柳条迎风时感到的轻盈；

我们都有在布置会场时要求的严肃端庄；

……

何以有这些感觉？相似的共鸣。

至于说舞蹈、音乐，那更是跟相似性结合得紧密。

美国未来学家阿·托夫勒略带嘲讽地说：在一个集中的学校（工厂）

集结大群学生（原材料）让教师（工人）加工的思想是工业时代天才们的一个高招。

学校的诞生，标志着按相似性原理大批量培养人才的开始！

人为什么喜欢看短信？

韵律的相似性、内容的相似性、感情的相似性、对社会不公的愤恨、对腐败的不满相似性。同时，充分利用手机屏幕有限，需逐行看，抖包袱的地方往往在结尾，让你会心一笑。倘若你笑后没几天再有人给你发此消息，你便觉索然无味。

中国申奥成功，著名导演张艺谋所拍的申奥片给人留下了深刻的印象。如果你没有看过该片，如果你就是张艺谋，你想在该片中展示给国际奥委会官员什么样的一个口匡呢？告诉你，时间还有限，不能超过一刻钟。我曾就这个问题问过很多老师，大家众说纷纭。有说，展示中国传统文化的，有说展示中国改革开放成果的，有说展示中国环保、中国全民健身运动的。于是，这些画面语言被提炼出来：长城、故宫、武术、中国服装、中国戏剧、上海浦东开发区的高楼大厦、大连的绿化、东北扭秧歌等等。

张艺谋之所以为张艺谋，我们之所以成不了张艺谋，关键就在于张艺谋是"相似性"运用大师，而我们不是。张艺谋在创作的时候，始终把握与他的观众搞相似。面对不同国家、不同语言、不同文化的国际奥委会官员，如何在最短的时间里消除他们对古老同时也并不富裕的中国的顾虑呢？如何迅速打动他们的心呢？试图打文化牌，短时间肯定不能奏效。因为，不同文化之间的沟通与了解，需要时间，需要积累。那张艺谋提取的是什么元素呢？微笑！他从寻找不同国家、不同语言、不同文化背景人之间的相似性入手。

一个很有意思的现象：人类的喜、怒、哀、乐，不管肤色如何，也不管文化、语言差别多大，都是相似的。著名导演张艺谋所拍的申奥片，所提取的主要元素就是各个层次、各个年龄段中国人的微笑，创作思路就是与外国人找相似，而非找相异。因为，微笑，是陌生人初次见面表达友好的一种最天然、最直接、最有效的方式。

中国上海申博成功，著名导演张艺谋为上海所拍的申博宣传片，也获得广泛美誉。其创作思路，如出一辙。他在该片中所提取的主要元素为歌曲《茉莉花》。他也是试图借助外国人对传统上海的印象，拉近外国人与现代上海的距离，并暗示改革开放的新上海在新世纪同样能带给世界一份惊奇。

"好一朵美丽的茉莉花，芬芳美丽满枝芽……"

人们从观察到炉子上的水壶被蒸汽扑腾扑腾往上顶，便潜心研究，发明了蒸汽机；后人们将蒸汽机装在车子上，便出现了火车；将蒸汽机装在船上，便出现了轮船；将蒸汽机装在纺织机上，便出现了自动纺织机。于是社会发展就进入工业革命时代。

古代人发现树叶的齿状边缘会割破皮肤，于是模拟创造出锯子。

人们看到蝴蝶等昆虫在空中飞舞，便设计制造出风筝，并认识到风筝可以借助风力升空，又进一步联想到鸟儿的翅膀；通过相似性类比，终于仿制出初级的飞机；再通过空气动力学等方面的深入研究，使得飞机制造技术大大发展起来。

人的创造，一刻也离不开相似性。

美国著名创造心理学家 S. 阿瑞提在《创造的秘密》一书中指出：

相似性表明，在世界上存在着某种重复发生着的，因而是有规律的现象。正是由于对这些规律的认识，人的思维才能去理解宇宙、才能去理解自身的内在现实。在精神病态、正常状态和创造状态当中，留心注意相似性的能力是一种共同的指导原则——它是一支颤抖而微弱的烛光，用它去探索和收获，用它去攻破宇宙之夜的秘密，用它去获得对我们自身部分的某种理解。人类最终的兴衰就是依赖于对相似性所做出的不同反应。

人的大脑，不管是显意识还是潜意识，都是按照相似性进行激活、联系、匹配和重组的。这是大脑信息加工的必然运动形式。

了解了"相似乃创新之魂"，我们家长该怎么办呢？

我觉得，培养、造就孩子对相似性的识别能力和重组能力尤为重要。

大自然经常把宏观的现象展示给人们，而将其相似的基因和原理隐藏着，让人们去寻找、去研究，谁找到了这些现象的根本原理，谁就会取得更多的成果。

你的孩子若能逐步发现这些现象的根本原理，你的孩子就有了大智慧。

行业跨度越大，领域越是不搭界，还能发现它们内在的相似性，你的孩子就越聪明，未来就越能干大事。

当今的新兴学科："物理化学""生物化学""统计物理学"都是横跨学科的新学科。

大家都知道小说《围城》，它是钱钟书老先生的代表作。钱钟书，号称 20 世纪 30 年代左右清华文学院"四大才子"之首（其他三个为张荫麟、夏鼐、吴晗）。他好批评、善批评。其批评的眼力和能力，异于常人，常有"语不惊人死不休"之感。《围城》里有一句话，堪称经典："城中的人想出去，城外的人想冲进来。"仔细想想，很有道理——婚姻也罢，事业也罢，生活也罢。

我也很喜欢《围城》，我喜欢钱钟书的语言。我常说，钱钟书，是"相似论"应用大师。他在《围城》中，总能发现风马牛不相及事物之间的相似性。比如：

夜仿佛纸浸了油，变成半透明体了，它给太阳拥抱住了，分不出身来，也许是给太阳陶醉了，所以夕照晚霞隐褪后的夜色也带着酡红。

孙太太眼睛红肿，眼眶似乎饱和着眼泪，像夏天早晨花瓣上的露水，手指那么轻轻一碰就会掉下来。

苏小姐双颊涂的淡胭脂下面忽然晕出红来，像纸上沁的油渍，顷刻布到满脸，腼腆得迷人。

一个人的缺点正像猴子的尾巴，猴子蹲在地面的时候尾巴是看不见的，直到它向树上爬，就把后部供大众瞻仰，可是这红臀长尾巴本来就有，并非地位爬高了的新标志。

你看这些语言，多生动，多鲜活。

如果一个孩子，发现自己所学的各个学科，其实都是相似的——

语文，是定性的语言；

数学，是定量的语言；

音乐，是旋律及节奏构建的语言；

舞蹈，是肢体及律动构建的语言；

绘画，是色彩及线条构建的语言；

计算机，是数字化、可视化的语言；

……

那这孩子也不得了。

我问问你：

手和大吊车什么关系？

手和挖土机什么关系？

为什么电脑里回收站边上放的图形是个垃圾桶？

为什么我们常常说"文如其人""戏如人生"？

为什么做生意做到最后比拼的是做人，做学问做到最后比拼的还是比做人，做官做到最后还是比做人？

诸如此类的东西，如果你能悟到，你的孩子也能逐渐悟到，并进而发现"大千世界规律都是相似的"，那你的孩子基本上已经具备创造性思维了。

创造性思维，不仅仅是发散性思维、求异思维、逆向思维。

创造性思维，是在发现相似规律基础上的一点变异而已。

希望相似的观点，能带给你孩子在成长过程中一种新的思路。

第十七章　我是一切的根源，爱是最后的归宿

曾有人告诉我："高手之间，永远比拼的是情绪管理。"

第一次听到这话，感觉有些突兀："怎么可能是情绪管理？"

仔细琢磨，感觉有些道理；越琢磨，越感觉有道理。

既然叫高手，不管是干哪行的，专业技能一定不用说。问题是，同属高手，未来发展谁更胜一筹？我以为，一定是那些不管风吹浪打、胜似闲庭信步的人，一定是那些心态好的人。

君不见，在很多武打片里，两位高手对决，或许他们都是师出同门，或许他们水平不分伯仲，但是，胜利总是属于那些代表正义、心态平和、内心充满力量的人。

君不见，在运动场上，两个球队，原本水平相当。但是，某一个球队，每当大赛来临，总是自己先慌乱起来；到了赛场，既放不开手脚，又全然忘记了平时的战术演练，其结果，必然稀里糊涂败下阵来。

其实，何止是高手对决？

即便在日常工作、生活当中，一个人的情绪管理也相当重要。

一个人若管不好自己的情绪，其结果必然是：原本简单的事情迅速变得复杂，原本鸡毛蒜皮的小事酿为人命关天的大事，原本希望达成的目标愈来愈远。

所以，我经常给我的团队讲一句话：

"目标管理情绪，目标管理行为，目标管理矛盾，目标管理团队。"

现如今，只要谁情绪一上来，我们第一句话就是："你的目标是什么？"

当事人经这么一提醒，情绪马上好了许多，虽然嘴上还是喋喋不休。

如果说一个人的情绪，用目标管理效果比较显著的话，我还觉得，积极干预一个人的心态，大力倡导"我是一切的根源，爱是最后的归宿"，那这个人的情绪管理必将更上一层楼。

为什么这么说？

我以为：情绪管理＝心态管理＋责任管理＋目标管理。

一个人如何进行心态管理、责任管理？

"我是一切的根源，爱是最后的归宿"就是行动指南。

怎么理解"我是一切的根源"？

有三个故事，或许很多人都听过，但我依然把它摘录过来，是想告诉大家："'我'真的是一切的根源。"

故事一：

有一天，两个秀才一起去赶考，路上遇到有家人正出殡。

面对黑漆漆的棺材，一个秀才心里"咯噔"一下：完了，真是倒了邪霉了！怎么让我赶上这个？丧气！

另一个秀才心里也"咯噔"一下。不过，他很会自我调整：棺材，棺材，那不是既有"官"又有"财"吗？好！好！好！看来，今天我要红运当头了。

两个秀才风尘仆仆来到了考场。

第一个秀才，人在考场，满脑子里就是那个"黑漆漆的棺材"，面对考题，一会儿清楚一会儿迷糊。结果，名落孙山。

第二个秀才，人在考场，完全忘却了那个"黑漆漆的棺材"，他沉着应战，文思如泉涌，果然一举中第。

两人事后都说：那"棺材"真的好灵！

故事二：

有一位王先生，在香港卖保险非常成功，许多同事请教他成功的秘诀，他总是摇摇头说："没有什么啦！"

有一次，同事们又来向他讨教经验。他还是摇摇头说："真的没有什么秘诀。"

一位刚入行的同事忍不住问："难道在你卖保险的过程中，没有遇到过被拒绝？"

王先生很肯定地回答："我从来没有遇到过。"

同事们非常诧异："我们天天都遇到，你怎么会没遇到？"

王先生笑了笑："当顾客不买我保单的时候，这并不叫'被拒绝'，只是代表顾客'不了解'我这个产品而已。所以每当我下一次再看到这个顾客的时候，我就继续让他了解，如果他还不买，也没有关系，也只是代表他还是不了解，所以下一次我还会去拜访他。"

没有"被拒绝"，只有"不了解"。多么好的一个定义！

故事三：

一个雕塑家发现自己的相貌越来越丑了。他遍访名医，均无办法。

有一天，他路过一个寺庙，就把自己的苦衷向长老说了说。

长老说："我可以帮到你，但不能白帮，你必须为我先做点事。"

雕塑家就问："啥事？"

长老说："我寺庙里缺几尊观音像，你帮我雕几尊，神态要各异。"

雕塑家说："那是我的强项，你看我的吧！"

于是，雕塑家天天琢磨观音。

在中国传统文化中，观音是慈祥、善良、圣洁、宽仁、正义的化身，怎么表现才能让别人一看，观音菩萨就长这样呢？

果然，雕塑家很专业，他开始不断研究、琢磨观音的面部表情及行为举止，不断揣摩观音的心态和神情。雕塑家几乎达到了忘我的程度。

有个阶段，他都错误地把自己当成观音了。

半年以后，工作完成了。

长老很满意他的工作，雕塑家自己也觉得挺好的。

他突然想起长老还没有帮他解决问题。

他找到长老："你什么时候帮我解决问题？"

长老反问他："你的问题还需要我帮忙解决吗？你自己都解决了。"

雕塑家照照镜子，惊喜地发现自己的相貌真的变了，变得神清气朗，端正庄严了。

他有些奇怪："长老，请指教。"

长老说："过去两年，你一直在雕塑夜叉！你这人，创作的时候非常投入，你仿佛就是那夜叉。现在，我让你雕塑观音，你依然非常投入，你仿佛就是观音。你都是观音了，还需要我做什么呢？"

雕塑家说："高！"

亲爱的家长，读了以上三个故事，你做何感想？

你是否有些理解"我是一切的根源"？

众所周知，我改变不了天气，但我可以改变自己的心情。

世界，其实是一面镜子。你向他笑，他就对你笑；你向他哭，他就对你哭；你向他做鬼脸，他也向你做鬼脸。

正如叔本华所言：事物的本身并不影响人，人们只受对事物看法的影响。

好朋友多年不见了，猛一见面，彼此问候："最近身体怎么样啊？"大家倍感温暖。

死对头多年不见了，猛一见面，彼此寒暄："最近身体怎么样啊？"大家心里马上嘀咕开来："他是不是想让我早死啊！"

同样的一句话"最近身体怎么样啊"，为什么有不同的感受？

还是那句话：事物的本身并不影响人，人们只受对事物看法的影响。

人有悲欢离合，月有阴晴圆缺。

自古以来，有多少英雄豪杰因恣意放纵自己的情绪而以悲剧告终，多少普通百姓因情绪的困扰而黯淡无光。

人生的最高境界，也许是淡定中蕴涵着力量，宽容中包含着原则。

叩问内心，梳理生活，其实，情绪并非我们想象的那样难以调控。

重视它，理解它，尊重它，引导它，我们不但不会成为情绪的奴隶，反而会从负面情绪的管理中，咀嚼出生活的多滋多味来，觉察到生活的丰富多彩来。

面对自己的负面情绪，痛苦、懊恼、后悔，都无济于事，要本着改变信念、改变价值观、改变思维去处理。

面对他人的负面情绪，抗拒、害怕、无奈，都无济于事，要本着接受、界定、管理去处理。

看看萧伯纳怎么管理情绪。

有一天，萧伯纳正在一条很狭窄的小路上行走，迎面遇到一个对他很不满的同行，那人不但毫无让路的打算，还出言不逊，"我从来不给傻瓜让路！"萧伯纳听了非但不生气，反而主动让到一边，面带笑容，幽默地说："我恰恰相反。"

"我是一切的根源"，不仅有利于我们进行心态管理，还有利于我们进行责任管理。

人与人之间、人与集体之间、集体与集体之间，都难免会有矛盾。

这个集体，可以小到一个家庭，大到一个国家。

遇到矛盾，怎么处理？

我倡导都要从觉察自我出发，从主动承担起自己应承担的责任出发。这样，我们在处理人与人之间、人与集体之间、集体与集体之间的矛盾时，才能做到大事化小，小事化了。

比如，夫妻两人吵架。

如果在吵架之前，丈夫说了以下这段话，我相信，这个架就打不起来。

丈夫怎么说？

丈夫首先拉着老婆的手，含情脉脉地看着她，说："老婆，我是一切的根源！如果在这件事情上我勇于承担起我应承担的责任，如果我能提前预知事态的严重性，事情就不至于发展到现在这个状况，让你受委屈了，真的很对不起，老婆。"

我相信，如果人与人之间，在遇到冲突即将爆发之前，把"我是一切的根源"作为口头禅先说出去，那人与人之间的关系，将变得和谐很多。

这个人与人之间，既包括家庭成员之间的关系，也包括同事与同事之间的关系、领导与下属之间的关系。

强势群体，比如领导，如果率先承认自己是一切的根源，那更能赢得别人对自己的尊重及追随。

强势群体，比如领导，如果总是找理由推卸责任，如果总是批评自己的下属，那只能是让自己的追随者一个个离去。

怎么理解"爱是最后的归宿"？

同样，有三个故事一直让我回味无穷。

故事一：

> 魏国靠近楚国的地方有一个小县城，县令叫宋就。
>
> 有一天，村民跑来投诉，说楚国人跑到魏国使坏来了，问怎么办？
>
> 宋就问："到底啥事？"
>
> 村民说，今年春天，由于干旱缺水，两国交界的地方，大家种的瓜苗长得都不好。魏国的村民担心这样旱下去会影响收成，就组织一些人，每天晚上去地里浇水。连续浇了几天，魏国村民的瓜地里，瓜苗长势明显好起来。楚国的村民看到这个情形，有些嫉妒，便偷偷潜到魏国村民的瓜地里去踩瓜苗。这不，他们来县令这儿告状来了。
>
> 宋就问："你们说怎么办？"
>
> 村民们嚷嚷道："他们这事，也不是第一次了。我们一直忍着。我们再这么忍着，他们是不是觉得我们怕他们？我们也去踩他们的瓜苗！"
>
> 宋就摇摇头："别！你们这么去报复，最多解解心头之恨，可是，以后呢？他们变本加厉来破坏，哪有你们的好？"
>
> 村民们问："你说我们该怎么办？"
>
> 宋就说："你们只需要做一件事，那就是你们每天晚上去帮他们

浇地，结果怎样，你们等着看吧。"

村民们心里有些不解，但还是按宋县令的意思去做了。

楚国的村民发现魏国村民不但不记恨，反倒天天帮他们浇瓜，惭愧得无地自容。

这事后来不知怎么就被楚国边境的县令知道了，便将此事上报楚王。楚王听了此事，深受触动，甚觉不安，于是，主动与魏国示好，并送去很多礼物，对魏国有如此好的官员和国民表示赞赏。

魏王见宋就为两国的友好往来立了功，也下令嘉奖宋就和他的百姓。

故事二：

很久以前，有个武状元，功高官大，不把常人放在眼里，常做一些欺侮百姓之事。

有个老汉，与武状元是邻居，自然更是遭罪。

有一天，老汉自觉老了，将不久于人世，便把三个儿子叫到跟前，说："我当了一辈子家，活得很窝囊，害得你们常被人欺侮。现在我老了，也该让你们当家了。家再大，当家人只有一个。手心手背都是肉，我一碗水端平，今天，我给你们每人十两银子，你们出门去做件好事回来。等你们回来，我再确定谁来当家。"

过了几个月，三个儿子都回来了。

老大说："一天，我刚走到河边，看见一个女人投河自尽，我奋不顾身跳进河里把她救了上来。这不看不知道，一看吓一跳。这女子居然是个孕妇。爹，我这哪是救了一个女子，我是救了两条性命。"

老汉听后，点点头，没有言语。

老二说："我路过一个村庄，看见一户人家正在着火。那一天，大风肆虐。我心想，如果这火蔓延开来，如何得了？全村的房子不都毁了？想到这儿，我二话没说，只身冲进这户人家，把火给扑灭了。村里人都很感激我。"

老汉听后，点点头，没有言语。

该老三说了。

老三脸红红的，没有说的意思。

老大、老二忙催着："做好事没有啊？做了就说！"

老三支支吾吾道："对不起，我没做好事！"

老大、老二问："那你这一段时间都干什么去了？"

老三说："对不起，我离家第一天就做了一件违背常理的事，我救了一个仇人！为了这事，我最近一直寝食不安，也不好意思回家。"

听到这，老大、老二吓了一跳："你救谁了？"

老三说："我救了武状元。"

老大、老二问："人家武状元怎么轮得上你去救？"

老三一五一十把事情来龙去脉说了一遍。

"那天，我正翻越一座大山，看到邻居武状元不知怎么回事倒在悬崖边睡着了。或许是喝酒喝多了吧。本想啊，报仇的机会来了——只需轻轻一推，他便会掉进万丈深渊。可转念一想，他为国家立过功，毕竟还是一个人才。我怎么能乘人之危，落井下石？正想着，眼看他一边说着梦话一边正准备往悬崖外翻身，我手疾眼快一把将他抓住，迅速把他拖到一个安全的地方。我的动静太大，自然弄醒了他。他问我，他怎么在这里。我就告诉他刚才的一幕。他走到悬崖边探头一看，惊出一身冷汗。他只说谢谢我，并说以前有些怠慢我们的地方，请我们原谅。说完，他向我深深地作了一个揖，就骑马走了。"

老大、老二听完老三的讲述，不知该如何评价老三的行为，只是嘴里不断嘟囔着："让他捡了一条命！"

老汉听完老三的述说后，淡淡地说："从今往后，就老三来当这个家吧。"

老大、老二还没从老三的离奇故事中走出来，又听到老汉离奇的决定，他俩一直在问老汉："爹！这是为什么呢？这是为什么呢？"

亲爱的家长，你说说这是为什么呢？

故事三：

傍晚时分，有一位和尚化完缘，准备返回寺中。突然雷声骤起，一场大雨即将来临。

"怎么办呢？"和尚四处张望。

正好，不远处有一座庄园。和尚想，还是先去那里避避雨吧，等雨后再回寺里。

和尚来到了庄园。

庄园大门紧闭。和尚站在屋檐底下，耐心等待老天不再下雨。

一个小时过去了，两个小时过去了，老天都没有停止下雨的迹象。

和尚想："还是跟这家主人求住一宿吧。"

和尚敲门，守门的仆人出来了。见是和尚敲门，冷冷问道："啥事？"

和尚便把自己在这里等了两个小时，不见老天停止下雨，想求住一宿的想法告诉了仆人，希望仆人转告主人。

仆人冷冷地说："我家老爷向来和僧道无缘，你最好另作打算吧！"

和尚恳求道："雨这么大，附近又没有其他的小店人家，还是请您给个方便。"

"我不能擅自做主，等我进去问问老爷的意思。"仆人入内请示。

一会儿，仆人出来，说主人不肯答应。

和尚说："那这样吧，就在你家屋檐下暂歇一晚。"

谁知，仆人这个也不答应了。

"你走吧！"仆人说。

和尚无奈，便向仆人问明了庄园主人名号，然后，一头冲进雨水中，狂奔回寺庙。

一晃，三年过去了。

庄园老爷纳了个小妾，宠爱有加。小妾想到庙里上香祈福，老爷便陪着一起出门。

到了庙里，老爷忽然瞥见自己的名字被写在一块显眼的长生禄位牌上，心中纳闷："我的名字怎么会出现在这里？"

他找到一个正在打扫的小和尚，向他打听这是怎么回事。

小和尚笑了笑说："这是我们住持三年前写的。有天他淋着大雨回来，说有位施主和他没有善缘，所以为他写了一块长生禄位。住持天天诵经，希望能和那位施主解开冤结，添些善缘，至于详情，我们也都不是很清楚……"

庄园老爷听了这番话，想起了三年前的雨夜，愧疚不已。

后来，他便成了这座寺庙虔诚供养的功德主，香火终年不绝。

亲爱的家长，读完这三个故事，你又做何感想？

世界上最宽广的是大海，比大海更宽广的是天空，比天空更宽广的是人的心灵，比心灵更宽广的是人类的爱。

孔子说："躬自厚而薄责于人，则远怨矣。"

意思是说，多要求自己，少把责任往人家身上推，就会远离怨恨了。

在处理人与人之间、人与集体之间、集体与集体之间，乃至国家与国家之间矛盾的时候，任何以"以怨报怨""以恶制恶""以暴制暴"的做法，只能是让矛盾没完没了，世界永远不可能有太平。

爱是最后的归宿——以德报怨，或许是人类走向和谐的一剂良药。

虽然，我们真正做起来有些难。

但，毕竟我们有了努力的方向。

第十八章　因为口才，所以魅力

亲爱的家长，你口才好吗？

我发现，现在，无论是做官、做企业，还是做学问，倘若口才不好，都逊色很多——最起码，第一印象，给人的感觉不是很好。

你看企业界，阿里巴巴的马云、新东方的俞敏洪、万科的王石、联想的柳传志，那口才，字字珠玑，句句真谛。

很有意思的是，我在研究口才过程中，居然发现口才跟团队有密切的关系。

现在各行各业，谈到管理，言必"团队建设"。

什么叫"团队"？我们今天所说的"团队"跟以前所说的"队伍"有什么区别？为什么现代人不喜欢讲"队伍建设"了呢？

这些问题，我一直在思考。

关于团队，有一句话最为著名，那就是"没有完美的个人，只有完美的团队"。

如果把这句话改成"没有完美的个人，只有完美的队伍"，总感觉差点儿意思。

"团队"和"队伍"区别在哪儿呢？

似乎"团队"是"队伍"的高级状态；较之"队伍"，"团队"目标更明确、责任心更强、凝聚力更大、执行力更猛。

那口才跟团队有什么关系？

亲爱的家长，你仔细看看"团队"两个字。

"团"字怎么写？"队"字怎么写？

"团"字，外面一个"囗"，里面一个"才"；

"队"字，左边一个"阝"，右边一个"人"。

"阝"，俗称"耳朵旁"。

"团队"深层次的含义就很清楚了。

所谓"团队"，就是指一个有口才的人在领导着一群有耳朵的人。

我常去各地讲学，我发现，现在口才好的家长，少！

家长口才都不好，如何为孩子做榜样？

很多家长对我说："不知怎么回事，每次别人要我站起来讲话，我总是心慌得很，不自信；原计划想得好好的，一上台头脑就一片空白；有时拿着话筒，手都是抖的；不得不讲几句，也是磕磕绊绊，很不流畅，自己都感到失败。其实，谁不想自己的口才好？我真希望自己能像王老师一样充满自信，侃侃而谈。"

随着我对口才研究的深入，我发现，不要说家长，就是大学教授，口才好的也不多。由于口才出了问题，现今的大学课堂，教学效果难以恭维。

有些大课，即公共课。不少学生趴在那里睡觉，要不就是逃课。

不要说教授，就是一些所谓的政府官员，口才也不敢恭维。君不见，很多政府部门组织的会议，只要人数一超过 200 人，上面开大会，下面就开小会。这些官员，全然没有听众意识，只是照本宣科读稿子，现场的人，怎能忍受？我常想，这种会议，效果怎么能好？

现在社会进步了，媒体发达了，官员的日子反而不好过了。姑且不议当官是否是最危险的职业，就是说在平常，如果一个官员的发言稍有不慎，在一个公民意识日渐增强、媒体舆论日渐活跃的社会环境中，官员就会瞬间被推上"火山口"。

有一个针对官员的调查："您认为以下哪种情境最能考验官员口才？"

结果是：63% 的人认为是处理突发事件、面对新闻媒体；24% 的人认为是当众演讲；8% 的人认为是化解组织内部人际冲突；5% 的人认为是向上级汇报工作。

的确，现在的官员，倘若口才不好，真的如履薄冰。当群众聚众发泄对政府不满时，当突发事件不期而至，媒体镜头对着官员时，我们的官员，怎么说，既能维护政府的权威，又能平息民众的怒火呢？真的很难！

近期，有两个问题我一直在思考。

第一，为什么我们有这么多的人口才不好？

第二，我的口才已经这样，能否快速提升？

先说说我对第一个问题的思考。

为什么我们有这么多人口才不好？

在写下这个标题时，我突然觉得，我们不应该口才不好。

为什么我们不应该口才不好？

第一，你看，平时在家里，你跟你们家那位吵架吵得是不是挺好的？口才有问题吗？没有吧？你俩那针锋相对、唇枪舌剑的速度、角度、深度，无不反映着你俩思维的敏捷、新颖、深刻。我总是想提醒各位，千万不要小瞧夫妻间吵架，也千万不要小瞧孩子之间的吵架，那可是口才大比拼，是口才的高级较量。我很纳闷的是，为什么到了正式场合，我们很多家长，包括孩子，怎么通通不行了呢？这是什么原因呢？

第二，我们打一出生就在学说话——没有上幼儿园之前跟家里人学；到了幼儿园跟老师学，幼儿园还专门开设语言课；到了小学、中学、大学，更是天天跟老师学。学什么？学语文。语文学什么？学听、说、读、写。既然"说"都学了，怎么一个孩子学了十几年，居然连站在台上说话都困难呢？我们的教育在这个环节上到底出啥问题了呢？

我思来想去，好像找到了原因。

先回答第一个问题：为什么我们的家长在吵架时口才表现得那么好，出外就"虾米"？

家长吵架时口才表现挺好，或许是因为吵架环境熟悉、内容熟悉、对手熟悉吧？再说，不管是小吵还是大吵，已经数不胜数，也该熟能生巧了！加之两人旗鼓相当，彼此均有胜负，所以，有向对方挑战的欲望，彼此均愈战愈勇。如果一边倒，可能也不利于双方口才的提升。

再说家长为什么一外出口才就"虾米"。这源于很多时候家长是突然被拎出来，压根儿未曾准备。不仅心理未曾准备，讲话内容也未曾准备。即便讲话内容平时思考过，也未形成体系。加之，如果决定自己生杀予夺大权的领导就坐在旁边，如果自己最在乎的人也坐在旁边，那自己这一次不就惨了吗？不就丢人、现眼了吗？所以，此时此刻，要说谁不紧张，那叫吹牛。除非他是有备而来。

再回答第二个问题：为什么我们的孩子学了十几年说话，居然连站在台上演讲都困难？

我以前总认为，中国的外语教学最失败，从幼儿园到大学，居然让孩子用英语发泄一下心中的不满都困难。因为，我们学的大多是哑巴英语。现在看来，还有一个难兄难弟，那就是中国的语文教学。是否算哑巴语文？好像我们在小学、中学期间，学校很重视朗读及背诵的；我们也很重视语法学习的，主谓宾，定状补，今天依然历历在目；我们也很重视段落大意、中心思想的提炼；我们更重视写作训练，记叙文、议论文似乎全都训练过。可是，为什么我们培养出来的孩子就是难登大雅之堂呢？

忘了是谁说的，"人只做上级领导考核评估的事情"。中国的教育，从古代到现代，更多的是考写不考说。选拔领导干部，从古代到现代，也是考写不考说。自然，每个人总是在选择给他带来利益最大化的行为。久而久之，中国人，学习就是为了考试，为了分数，全然不顾还有"说"的要求。这种价值导向，直妾导致中国有这么多人口才不好。

中国有这么多人口才不好，还有一个深层次的原因。

俗话说：病从口入、祸从口出。

在中国历史上，有多少人因说话不慎，掉了脑袋，甚至满门抄斩，株连九族。说真的，中国人说实话说怕了。离我们最近的"文化大革命"，毁掉多少人才？大家因怕说话，变得愈来愈在公共场所少说话，进而一代代相传，以至我们今天大家口才不好，都不知道为什么。本来是人与生俱来的才能，居然莫名其妙都退化了，可悲！

也不知从什么时候开始，我们中国人评价一个人，如果他能说会道、能言善辩就是不老实；如果他不爱说话，就被称为老实人。倒退十几二十年，那些能说会道、能言善辩的男人，找对象都很麻烦。为什么？一见丈母娘，丈母娘准说：这家伙，油嘴滑舌的，不靠谱，闺女，甭嫁。

在政坛，新人刚入行，都会得到别人的善意提醒：少说多做。很多干部把少说或不说，作为自己低调或谦虚的准则来把握。他们普遍持有这种心态，那就是，说多了，就有宣传自己政绩的嫌疑，就会给其他人留下"很张扬"的印象。

我们的口才已经这样，能否快速提升？

我关注口才问题已久。

为了探索解决这个问题的途径，我从 2009 年开始，面向全国幼儿园园长，连续开了 10 多期口才特训班，效果显著。有 600 多名园长，摆脱了口才的困扰。

我记得，许多学员第一次见我，问的第一句话就是："我的口才已经这样，能否快速提升？"

我的回答是肯定的："一定能，关键看你想不想。"

学员问的第二句话是："那需要多少时间？"

我的回答是："三天四夜。"

为什么我的回答如此坚定？因为我已经试过。

我的理念是："好口才，练出来。"

正如没有人天生会开车，都需要去驾校学习，都需要在路上通过一次又一次的磕磕碰碰习得经验。

同样，口才习得，也无高深的奥秘，一个字，就是"练"。

丘吉尔说过，"一个人能够面对多少人说话，他的成就就有多大"。这句话的意思就是，一个人的说话能力与其管理幅度存在一种正相关关系。职位高低与口才高低的正比例关系，从一定程度印证了"好口才是练出来的"。

既然你已经知道好口才是练出来的，请你告诉我，你想提升自己的口才吗？

如果想，请大声说三遍："好口才，练出来。"

"好口才，练出来。"第一遍。

"好口才，练出来。"第二遍。

"好口才，练出来。"第三遍。

我以为，好口才，练出来，要重点做好以下三点：

第一点，快速清理心理障碍；

第二点，参透演讲五大秘诀；

第三点，逮住一切机会狂练。

先讲第一点：快速清理心理障碍。

我说过，我们每个人的口才都还是蛮不错的，只是这个不错，是圈定在一定范围里的。在家里，在自己朋友圈中。一换地方就不行，尤其是到公共场合，还有在领导办公室。

这个不行，我仔细研究了多年，我发现，也不是大家肚里没东西，还是心理有障碍。

今天，我就帮你快速清理心理障碍。

学员反映自己口才不好，说得最多的一句话就是："我上台可紧张了！"

你对紧张怎么看？

我告诉你，谁到陌生场合，都会紧张。有决定他生杀予夺大权的人在，他一定紧张。

我的观点是：紧张不可怕，可怕的是，当一个人紧张时，他不知道如何处理紧张。

谁会处理紧张，谁就是强者。

谁会处理紧张，谁就是高人。

再次提醒你：谁都会紧张，关键是看我们如何处理紧张。谁处理得驾轻就熟，谁就更游刃有余。

我教你处理紧张的几个小策略。

所谓紧张，不外乎脸红、手脚哆嗦。

脸红怎么办？

就让它红着。不要以为别人都那么细心。你以为自己是谁呀？会场乱哄哄的，谁看你？再说距离那么远，谁能看见？即便看见，人家还以为你今天画了点儿淡妆呢。

手脚哆嗦怎么办？

手哆嗦，尤其拿着话筒哆嗦，没关系，双手一前一后拿着话筒就不哆嗦了。为什么这么做就不哆嗦了？两点决定一条直线——不让你哆嗦了。

脚哆嗦怎么办？

也有辙。在舞台上，左右来回走动，边走边讲，幅度小一些，这样，你就可以一"走"遮百丑了。

心哆嗦怎么办？

有一次，居然有学员问我："王老师，我手不哆嗦了，脚也不哆嗦了，可是心在哆嗦，怎么办？"

我告诉他，演讲的时候，边上放一瓶矿泉水，心一哆嗦，马上喝一口矿泉水，压一压。其实，借机调整一下自己。温馨提示：千万要自带矿泉水。千万不要让服务员给你倒水喝。如果他给你倒的开水，你拿起就喝，不就出大事了吗？

手、脚怎么放？

还有学员问我：在演讲的时候，我的手、脚，怎么放都不自在。怎么办？

对于初学者，建议每次上台，就双手抱着话筒吧。待以后演讲利落了，你想怎么放就怎么放。未来，你可以伴随着大量肢体语言。记住，你的手若要活动，一定要在左上方、右上方活动，千万不要在左下方、右下方活动。

脚怎么放？如果你已解决脚哆嗦的问题，建议你，相对固定在舞台的一个地方，通常是在大家听说的黄金分割点，站定、双腿并拢、身体直立、目光直视前方。

关于目光。

这里，重点谈谈你的目光。你一定要直直地盯着听众的眼睛，切忌眼睛往天花板看，或往地下看。如果你往天花板看，或往地下看，你的怯场暴露无遗。

建议你目光直视前方的时候，要照顾到所有的观众。不能只顾到一个区域。你要让每个人都感觉到你在看他，实际上你谁也看不清。更何况你可能还是近视眼。

我常讲，演讲讲到最高境界，就是你的眼神跟观众的眼神都达到了放光的状态。我开玩笑说，这叫含情脉脉。

关于普通话说得不好的问题。

有来自地方的学员反映："我的普通话说得不好！"

我安慰她说："以后再遇到让你上台的机会，你一上来就直接说，对不起，我普通话说得不好。不过，我的导师王红兵先生告诉过我，普通话是普通人讲的，我不是普通人，所以我普通话讲不好。你如此自我解嘲，别人就不会再揪你的普通话问题了。就像潘长江一上台，一开口就自我解嘲，'别看我个子矮，凡是浓缩的都是精华'。潘长江自己这么一说，别人再也不会就他的个子矮问题指手画脚了。"

关于不会开场问题。

有学员说："我不会开场。"

我告诉她："没关系。你只需要记住我教你的万能句式，包你打遍天下无敌手。"

学员问："什么句式？"

我告诉她："三不离口。"

什么叫"三不离口"？

就是你说话，总是这么来开头。

"今天听了王老师的讲话，我有三点感想。感想一，×××；感想二，×××；感想三，×××。"

"今天我来参加这个会议，我有三个希望。希望一，×××；希望二，×××；希望三，×××。"

"今天我来参加我侄子的婚礼，我有三个祝福。祝福一，×××；祝福二，×××；祝福三，×××。"

"刚才听了王总的讲话，我有三点启示。启示一，×××；启示二，×××；启示三，×××。"

"我第一次出席你们这样一个会议，好奇有三。好奇一，×××；好奇二，×××；好奇三，×××。"

……

这个句式，你记住了吗？

为什么非要讲三点？

我告诉你，如果你听领导讲话，领导吭哧吭哧讲半天，你却说，"刚才听了领导的讲话，我有一点感想"，你想想，如果你是领导，你听了这话是什么感受？他一定觉得你没好好听。如果你说，"刚才听了领导的讲话，我有两点感想"，你自己是否都觉得欠点？如果你说，"刚才听了领导的讲话，我有三点感想"，你是否觉得最妥当？

这就是"三"的魅力。

"一"，单了些；"二"，成双了，但还不丰满；"三"，刚好。

正所谓：三人成"众"、三木成"森"、三水成"淼"。

中国人对三情有独钟。

"三大纪律，八项注意""三字经""三顾茅庐""三人行必有我师""三个臭皮匠顶一个诸葛亮"，均有"三"。

我向大家推荐这个句式，还想告诉大家人类记忆的规律是"5±2"。

这是什么意思？

5-2=3。

5+2=7。

人的记忆字节大体在3-7个字节之间。

你告诉别人你的手机号，你是怎么告诉的，请回忆回忆。你一定是三个数字、四个数字，最多五个数字一起告诉的。你很少一个数字一个数字地告诉，你也很少两个数字两个数字地告诉。虽然，一个数字或两个数字似乎从表面上看更容易记，其实反而不容易记。中国的成语，比如"守株待兔"为什么是四个字；唐诗，比如"床前明月光"为什么一般是五个字，最多是七个字，道理就在这。

有一次我讲课讲到这里，一个学员腾地站了起来："王老师，我想不出三点怎么办？"

我告诉她："想不到三点，你肯定能想到一点。你在讲第一点的时候，努力憋第二点。第二点憋出来了，我相信，非要让你憋出第三点有点儿为难你，此时，有一个小策略，如果你第二点说的是'黑人比白人黑'，第三点你只需要说'白人比黑人白'就行了。演讲不是写论文，所以没人会要求你讲话那么严谨。关键是得体、顺畅就行了。"

学员似有所悟。

接着讲第二点：参透演讲五大秘诀。

我自己一路走来，从自己不擅演讲，到后来擅长演讲；从擅长演讲到开始传授演讲，我发现，演讲有五大秘诀。

这五大秘诀是：讲真话、讲故事、讲道理、站着讲、脱稿讲。

讲真话。

这世上谁都不傻。你一张开嘴巴，你是用心在说话，还是用嘴巴在说话，别人一听就听得出来。千万不要把别人当傻子。

我在清华读书的时候，曾赶上当时很多作家、编剧来到学校演讲。每次他们讲毕，都会留有 10–20 分钟的时间让学生提问。

我记得当时自己问过这个问题："作为一个作家，最珍贵的品质是什么？"

我记得一个编剧曾回答我："真诚。"

他说：你自己所写的作品，只有让自己哭自己笑，才能让别人哭别人笑。如果你所写的作品都不能感动自己，你怎么可能感动别人呢？

所以，在我往后的工作生涯中，无论是讲课，还是写书，还是带队伍，我都本着这样一个原则，讲让我感动的东西，讲我感悟到的东西，讲我困惑的东西。

我坚信，让我感动的，一定让别人感动；我感悟到的东西，一定对他人有价值；我困惑的东西，或许别人也在困惑，我们很快能找到共同语言，所谓同病相怜；我解决了困惑，我相信我的解决之道一定对他人有借鉴。

这些年来，很多人之所以还喜欢听我的课，大多数是源于我的真诚。

简言之，就是讲真话。

我曾问过著名思维科学家、相似论的创立者、钱学森弟子张光鉴教授："为什么我们真诚了，别人就感动？"

张教授回答："人心都是肉长的，是相似的。"

我曾做过记者。

什么是记者？

一个资深新华社记者这么教导我："记"字，左边是"讠"，右边是"己"；"者"，指代什么什么的人。什么叫记者？就是那个说出心里话的人。

我记得当时还是在做学生时，第一次听到有人这么演绎记者，很是震撼。

口乃心之门户。你真诚了，你说出自己心里话了，你说真话了，相信别人一定能收到你的真诚。

这是演讲的第一秘诀。

讲故事。

我发现，演讲好的人，一个重要的技巧，就是在他的演讲中，一定夹杂着一些故事，或者叫作案例。

这些故事，或者案例，有的是发生在演讲人身上，有的是发生在别人身上的。如果是故事发生在演讲人身上，更能抓住听者的心。因为人，总是对他人的过去、他人的隐私很感兴趣。谁跟谁好了，谁跟谁离了，谁跟谁今天打起来了，谁跟谁今天闹官司了……诸如此类，别人听来总是很感兴趣。

我曾就此请教过张光鉴教授。张老师说："人擅长事件记忆。"

我问："人为什么擅长事件记忆？"

张教授反问我："人记不住事，还有人吗？"

我恍然大悟。

我的爷爷上山砍柴被老虎吃了，我爸爸不记事，我爸爸依然上那座山砍柴，我爸爸也被老虎吃了，我还不记事，我也上那座山砍柴，我也被老虎吃了，那还有下一代吗？

因为人擅长事件记忆，所以人喜欢听故事，听案例，因为故事、案例都是事件。

为什么你喜欢看《今日说法》？《今日说法》，一上来就是案例，通过案例普及法律知识，比较符合人的记忆规律。

为什么你喜欢听某一个专家的报告？因为里面有大量鲜活的案例，对你很有启迪。什么叫案例？案例案例，就是事件。

建议你在今后演讲中，穿插一些故事在里面，最好是发生在你自己身上的故事。如果实在没有，就去《读者》中找。

建议你穿插的故事要有矛盾、冲突、悬念。没有矛盾、冲突、悬念的故事，一定让人索然无味。你看电视剧第一集和第二集是在哪里掐掉的？一定是在冲突上来、悬念上来的时候掐掉的。为什么，吸引你继续看。为了吸引你继续看，你看，它还来点儿下集预告。下集预告也是继续强化其矛盾冲突，让你第二天，情不自禁守候在电视机跟前。这就是电视剧吸引你的招数所在。

电视工作者都在用这一招了，你为什么不用呢？

建议你在一个小时内，穿插3-5个故事。在半个小时内，至少穿插一个故事。以此类推。

讲道理。

一个人当众讲话也好，或者叫演讲也好，开始，敢上台、敢讲就是胜利。但过了这样一个阶段之后，就得考虑怎么讲得精彩，并得让人有所收获了。如果你能讲到下面的人冲上来，对你说："听君一席话，胜读十年书啊！"那更说明你的演讲进入另外一个层次。

如何做到这点呢。

每次，你挑选的故事，都是奔着你要说明的一个道理去的。

所以，每次故事讲完，你马上揭示一个道理。道理要言简意赅。道理要直接反映出你对世界认识的深度、广度、角度和速度。

比如，我在"我是一切的根源，爱是最后的归宿"一章中，大量引用故事，就是为了说明"我是一切的根源，爱是最后的归宿"这个道理。

有时候，就道理说道理，别人很难接受。

一个故事，让你轻而易举接受。

这里，我举一个例子。

在举这例子之前，我想问问你，你家孩子家长会都是谁去开？

我想，70% 以上都是妈妈。

从这个数字你可看出，爸爸这个角色，在孩子的教育上，起码在开家长会上，是没尽到责任的。

为什么会出现这种情况？

原因很简单。

男主外，女主内。爸爸是需要到外面去打拼，给家里赚钱的，为家庭遮风避雨的。自然，孩子的事，妈妈多担当一点。问题是，现在的爸爸，在外面应酬的事越来越多，常常是很晚才回家。爸爸跟孩子待在一起的时间很少。自然，做爸爸的，在教育孩子上，责任缺失。这点，爸爸们肯定也知道。我相信，无论幼儿园，还是学校的老师都直接或间接地告诉过爸爸妈妈们。如果你就爸爸的事说事，估计很难打动爸爸们。可是如果你讲以下故事，你再把道理一讲，情况又不一样了。

这是一个什么故事呢？

这个故事的名字叫《20美元的价值》。

一位父亲下班回到家很晚了，又累又烦，发现他 5 岁的儿子靠在门口等他。

"我可以问你一个问题吗？"

"什么问题？"

"爸爸，你 1 小时可以赚多少钱？"

"这与你无关，你为什么问这个问题？"父亲生气地说。

"我只是想知道，请告诉我，你 1 小时赚多少钱？"小孩哀求。

"假如你一定要知道的话，我 1 小时赚 20 美元。"

"喔。"小孩低下了头，接着又说，"爸爸，可以借我 10 美元吗？"

父亲发怒了："如果你只是要借钱去买玩具的话，那就给我回房间上床。好好想想为什么你会那么自私。我每天长时间辛苦地工作着，没时间和你玩小孩的游戏。"

小孩安静地回到自己的房间并关上门。

父亲坐下来还生气。过了一会儿，他平静下来了，想着他可能对孩子太凶了——或许孩子真的很想买什么东西，再说他平时很少要钱。

父亲走进小孩的房间："你睡了吗，孩子？"

"爸爸，还没，我还醒着。"小孩回答。

"我刚才可能对你太凶了，"父亲说，"我不该发脾气——这是你要的 10 美元。"

"爸爸，谢谢你。"小孩欢叫着从枕头底下拿出一些被弄皱的钞票，慢慢地数着。

"为什么你已经有钱了还要？"父亲生气地问。

"因为这之前不够，但我现在足够了。"小孩说，"爸爸，我现在有 20 美元了，我可以向你买一个小时的时间吗？明天请早一点回家——我想和你一起吃晚餐。"

试想，你跟听众讲完这个故事，再点题道：

"时间可以换取金钱，但金钱却买不来家庭的亲情和快乐。给家庭挤一点时间吧，因为有些东西是金钱买不到的。这个故事在提醒辛苦工作的您花点时间来陪那些在乎您、关心您的家人，不要让亲情从忙碌中溜走。"

站着讲。

为什么我倡导你以后讲话要站着讲？

我发现，一个人坐在自己的位置上讲，和站在自己的位置上讲，感觉是不一样的。你站到主席台上去讲，感觉更不一样。

人从小就要学会站在主席台上讲，慢慢地，你就不怵面对那么多人讲话了。

站着讲，底气足；站着讲，可以借助肢体语言，丰富你的表现；站着讲，你可以来回移动，人家看你视觉也不疲劳。站着讲，逼着你长话短说。

脱稿讲。

成功的演讲家，几乎都是脱稿讲的。

为什么要脱稿讲？

如果你不脱稿讲，你看稿子讲，那我告诉你，你可就惨了。那就不叫演讲，那叫发言；或者甚至连发言都算不上，那叫念稿子。

文字这个东西，它是思维的载体，但成也萧何，败也萧何。过分依赖它，亦步亦趋依赖它，那就限制了人思维的发展。人的激情、灵感都受到限制。

脱稿讲，思维不受太大约束，你完全可以纵横驰骋。

在这里，提醒大家在演讲的时候慎用PPT。

为什么？

如果没有PPT，你的演讲是聚焦的，大家在听着你报告的过程中，通过你的面部表情，通过你的肢体语言，在全方位感受着你所表达的内容。

如果你借助PPT，你一边激情满怀在讲着，你知道听众在干什么吗？他一会儿去看看大屏幕，碰到重要的，他还得赶紧记，他哪有心思去领略你那丰富的表情？他哪有时间去感受你那优美流畅的肢体语言？全没戏。在这个时候，我告诉你，PPT其实已经在成为你的干扰，在削减着你的魅力。

还有，PPT是一篇篇的，而你的大脑反应是随机的，是顺应课堂的实际情况在适时调整的。如果此时你一不小心，让PPT进入下一篇了，可是刚才上一篇你的激情还没充分演绎，很是扫兴，还得倒回去。

请记住，人不要做电脑的奴隶，做PPT的奴隶，做鼠标的奴隶。

如果你的演讲内容非得用PPT，我建议，PPT展示的时候，你就不说话，让别人专心致志地看、专心致志地抄。总之，不要让PPT成为你的干扰。

最后讲第三点：逮住一切机会狂练。

演讲的心理障碍排除了，演讲的秘诀也清楚了，剩下的问题就是练了。

今后，无论在什么场合，需要说话的地方，需要发言的地方，你就举手说。

一开始，你就训练自己的胆量。你给自己定的目标要非常清晰，就是一个"敢"字。此时，不要纠结自己是否说得得体、说得让别人信服。敢上台，老有上台的冲动，就是成功。

等解决了这个问题，你慢慢再去体会演讲的五大秘诀。你每次讲话"三不离口"。你每次讲话，时间控制在 3~5 分钟。这样，你的口才马上有质的提升。

当然，台上一分钟，台下十年功。要想演讲讲得好，日常的积累不可少。

你看看那些伟大的演说家，哪一个不是博学多识，对案例和故事信手拈来，使用起来随心所欲。他们这是经过系统的训练，是有意识地对自己的知识结构进行更新的。

所以，有了演讲的欲望和勇气才是第一步，在平时一定要注意知识的积累，注意个人思想的不断积淀，这才是你和别人交流时取之不尽的素材。

俄国诗人马雅可夫斯基说："语言是人的力量的统帅。"

古人说："一言之辩，重于九鼎之宝；三寸之舌，强于百万之师。"

让我们，赢在口才！

后 记

当清华成为一种符号

我常说，孩子身上的问题，都是父母身上类似问题的影子。

改变孩子，须从改变父母开始。

只有父母好好学习，孩子才能天天向上。

如果父母能懂得一个人在未来发展过程中是哪些关键素质在起作用，如果父母在孩子成长的关键期能配合学校给孩子这些关键素质，那孩子上不上清华，其实已无足轻重。

你觉得呢？

《从幼儿园到清华园》马上就要付梓了，感慨良多。

一年前，我就暗暗给自己定下一个目标，那就是，在母校建校100周年之前，把自己这么多年在教育领域，尤其是学前教育领域，零星的一些思考，整理出来。一方面，就算是学子离开母校多年，对母校的一个汇报，另一方面，也算是对自己有个交代——红缨创办已经十年，红缨教育到底能带给孩子什么样的发展，这个问题，以前家长问起，我总是感觉讲得不透。随着时间的推移，我觉得，如果我不彻底弄清楚这些问题，既是对家长不负责，也是对自己不负责。这不符合我的个性。所以，我就定下了这个目标。

可真要动笔，哪有那么容易？

两大困难一下横亘在我面前。

一个是时间上的。毕竟自己还在运营着整个红缨，所以，各种各样的会议、各种各样的来访、各种各样的出差，彻底挤占了我的时间，让我无暇对此书整个架构进行思考。

另一个是知识储备上的。不写不知道，一写吓一跳。以前总觉得自己还挺能说的，可真正落实到笔头的时候，才发现，以前所说的那些东西，要不缺乏体系，要不缺乏逻辑。慢慢地，自己感觉功力不够，就悄悄搁下了。

这一搁，让那些期盼我书早日出来的读者感到深深的失望。

我自己都觉得无法原谅自己。

清华百年校庆一天天临近。

我甚至都有种感觉，如果不赶在清华校庆之前把这书写出来，或许，这书从此夭折。

过些年，别人再提及《从幼儿园到清华园》时，会有人说："哥，那仅仅是一个传说。"

感谢宋荣珍、曾纪洲、李航、崔柳、黄振坤等同事的协助，确保了该书出版。

感谢我的搭档杨瑛。没有跟她的合作，就没有今天的红缨；没有跟她的合作，就没有我的近距离了解教育、研究教育。本书的很多思想和观点，追根溯源，都能在她早期的探索和研究中找到。本书，只不过是我在她的基础上做了一些梳理和整合而已。

感谢公司副总梁海三。没有他的建议，我这本书，或许今天你看到的是一本学术专著；恰恰是因为他的提议，这本书，从体例到叙述方式，都无不体现了可读性。

感谢红缨首席设计师张平及他的助手王海燕。没有他们的精心设计，我的书或许没有现在这样漂亮、大方。

感谢国家副总督学郭福昌、著名思维科学家张光鉴、中央教科所研究员薛焕玉、清华大学教授金兼斌、J.P.Morgan（中国）创业投资有限公司董事长张天伟等对我的厚爱，是他们的鼎力推荐，让我的书增色不少。

当然，还要感谢我的家人，尤其是我的孩子。没有他们的理解，我也很难写出这本书。常常是周六周日，我夫人就主动提出带孩子去姥姥家，为的是我能静下心来写作。每每想到在阳光明媚的日子里，自己不能多陪陪夫人和孩子，心里充满了歉意。

《从幼儿园到清华园》马上就要上市了。

希望我的书，能带给你在教育孩子及自我成长上有帮助。

如果我的书真的能帮到你，那是我最大的安慰。

王红兵

2011 年 3 月 22 日

附　录

孩　子　王

　　我一个学建筑的，居然现在当起 600 家幼儿园、20 万名幼儿的孩子王来，这是我在清华大学 2 号楼一层东北角那个叽里旮旯儿宿舍里怎么规划人生也始料不及的。

　　其实，当年我——一个从来没有学过素描的人，居然在高考时能混入赫赫有名的清华大学建筑系，别说他人，就连我自己，现在感觉也匪夷所思！

　　曾记得在屯溪一中高三填报志愿那会儿，我念及家境窘迫，便擅作主张，报考了一所大学。我们高三的班主任得知此事，告诉我那在农村做小学教师的父亲：依你孩子的成绩报考这所大学有点儿亏了，最好是报考名牌大学。

　　当时，我眼里的名牌大学，只有离我老家安徽黄山较近的中国科技大学、浙江大学、复旦大学，北京大学、清华大学虽然很好，但很遥远。我父亲说："好男儿志在四方！人要往高处走！"就因为父亲这两句话，我选择了北京！

　　那读北大还是清华呢？我很喜欢"清华"这个名字，因为"清"跟"清水""清秀"有关。冲着这个名字好听，所以我选择了"清华大学"。

我父亲说：既然你这么喜欢清华，大学志愿一栏中，第一个大学填"清华"，第二个还填"清华"吧。我照做了。

大学选定，要挑专业，这可让我犯了愁。当年高中自己只是死读书，知识面很窄，哪里知道各领域专业的好坏？问及我父亲，孰料他以一个小学教师的智慧告诉我："不管什么时候，都要盖房子，学建筑吧，学建筑不会失业！"于是在父亲斩钉截铁铿锵有力"不会失业"的诱导下，我在我填报的各个大学第一专业中，都报了建筑系。

或许农民的这份淳朴及执着，无意中传递出一个信息：这孩子肯定是建筑世家，否则为什么所有大学第一专业都选了建筑呢？

当年安徽的考生可能都知道清华建筑系难考，所以面对1个招生指标，谁都没敢报；我不知道（我以为在一个大学当中，学盖房子，肯定是最差的专业。这种想法源于在农村的一个现实，学习不好的孩子都外出打工给人盖房子去了），我报了，所以把我录取了。

学建筑要加试素描，或许清华负责招生的老师觉得去安徽黄山给我面试素描路途太折腾，所以就给我写了封信，大致意思是：由于路途实在遥远，看你好像是建筑世家，所以就不对你进行美术加试了，希望暑期好好在家复习，9月1日到清华跟上就行了。

我又躲过了这场考试，要考，也肯定上不了清华建筑系了。

就这样，我被一种莫名的力量裹挟着走进了清华园，走进了建筑系。

到了清华，一切都是新奇的！

我沉浸在这种新奇中。

我开始知道我的老家——安徽徽州，民居有多美！多少研究古民居的师生每年假期都要去我的老家写生。我同班同学单军的父亲、清华大学建筑系教授单德启，就画了不少关于徽州民居的素描，让我很是为自己的家乡自豪。

我开始正儿八经地学素描。我突然发现，我跟班上的同学不在同一个起跑线上，痛苦由此产生。其实最初我并没有绝望——我天真地以为，我只要像高中一样的努力，任何我不会的马上会。但这次错了，我怎么努力，都找不到感觉，我迷茫了。

我很羡慕同宿舍的刘彤昊、肖东、李绘、冯正功、李岩、王春生他们，他们的素描真的有功底。而我，仿佛"龟兔赛跑"中的乌龟，原计划等兔子打个盹，我努力追上他们并超过他们，殊不知，兔子他不打盹，兔子恨不得比乌龟还拼命跑，我懵了，我无可奈何，我只能慢慢在后面跟着，尽自己的努力，为了一份信念！

在清华，我也第一次体会到"笨鸟先飞"的无效性。在我们宿舍，我发现刘彤昊、肖东他们，比我还勤奋，还先飞，我这只笨鸟，只能遥望他们的背影，跟在后面飞。跟着就是我给自己订立的目标，"被别人远远甩在后面也不要放弃"是我经常勉励自己的一句话。

这期间，我没有成功、没有自信、没有快乐、没有幸福！我不敢跟自己远在农村的母亲讲！想当年，我的母亲是卖掉家里养的两头猪供我上清华的，因此，每每画画画不过人家的时候，内心唯有自责，内心既愧对母亲，更愧对母亲养的两头猪。

我的转机出现在大四。

大四期末，为了扭转自己在清华尴尬的局面，我报考了清华大学中文系，读双学位。自从我进入中文系后，我如鱼得水。我在清华的自信心终于慢慢捡拾回来。

一切又如高中一般美好起来！

我憧憬着未来。我做起了"无冕之王"的记者梦。

古人云：人算不如天算！1990 年，我原本以为自己中文系毕业，能如愿以偿去新华社做中国最优秀的记者，由于历史的原因，新华社那一年内部整顿，不再进人，我的人生一下子在那里拐了一个弯。所幸我的中文系导师徐葆耕教授对我爱护有加，他把我推荐给时任《中国教育报》社长兼党委书记李兆汉校友（也是建筑系系友），我如愿以偿留在了北京，走进了教育部《中国教育报》报社。

留在了北京，便算是在北京扎下了根。懵懵懂懂干了 4 年记者，总感觉我心目中的新闻不应该是这样，总感觉不能让自己父母富裕起来是子女最大的不孝顺，受中关村电子一条街"知识经济"的诱惑，1994 年我毅然辞职下海，干起研发和销售"幼儿园园长办公系统"的生意。

一个世代都是刨土地的农家孩子，凭着自己的勤奋和小聪明，事业做得还算顺风顺水。只是，由于缺乏启动资金，起初自己一直依附在他人名下。孰料后期挣扎出来时，却也付出了一定代价。不过，我终于明白了什么叫企业，也终于拥有了自己的企业。

自从我 1994 年投身幼教圈，屈指数来已达 18 年。我始终没有离开幼教圈。很有意思的是，投身幼教圈后很长一段时间，我不敢说自己是清华毕业的，尤其不敢说是清华建筑系毕业的。因为，当我第一次面对幼教圈的朋友很自豪地介绍自己的清华出身时，原以为会引来别人惊美的目光，孰料，很多人不解：一个清华大学的高才生，跑到我们幼教圈来干什么？搞建筑多吃香啊！到我们这儿多屈才啊！……是清华大学毕业的吗？怎么看这小子都不像啊……

随着自己的企业越做越好，随着自己对"3 岁看大、7 岁看老"重要性的认识，我不再为自己是一个清华大学毕业生而搞幼教有点滴憋屈之感。我从来没有像现在这样坚定一件事，那就是"没有比培养人才更重要的事情了"！

我很欣慰，我与我的搭档杨瑛老师创立的北京红缨教育机构，始终把"做中国幼儿园连锁经营的领导者"作为愿景！我们产学研一体化。"产"，每年有近百万孩子在使用我们研发的教材；"学"，预计到 2011 年底，我们至少拥有 800 家北京红缨连锁幼儿园；"研"，我们拥有强大的北京红缨教育研究所。"红缨教育"，日益成为中国幼教第一连锁品牌。

我常想：清华大学自创立以来，毕业生无数。真正投身幼教的，可能凤毛麟角。有据可查的是，新中国成立前有陈鹤琴（中国幼教的创始人，类似建筑领域的梁思成），新中国成立后有王红兵。我把自己跟幼教界的泰斗相提并论，虽然有些不知天高地厚，但我常常在这份自诩中自勉。

同宿舍的肖东同学每年都给我寄来以他的设计作品为图片的台历，我很是羡慕。我自豪，我的建筑系同学为我们伟大的祖国献上了一幢幢高楼大厦；我同样自豪，我也在为我们伟大的祖国建大厦，我建的是人才大厦！

感谢清华给予我对国家的一份责任感，感谢清华给予我遇挫弥坚的自信心，感谢清华给予我理科文科纵横驰骋的思维模式，感谢清华给予我"为祖国健康工作 50 年"良好的体魄！

我爱清华！

我爱母校！

2011 年 3 月 22 日

写于 西山庭院

致家长的一封信

亲爱的家长：

　　您好！

　　您读完《从幼儿园到清华园》了吗？

　　如果您对孩子的教育问题也有自己独到的见解，诚恳邀请您与我沟通，我的电子邮箱是 wanghongbing@hoing.net。

　　如果您还想得到我最新的一些研究成果及指导，请认真填写《读者联系卡》，并寄至"100085 北京市海淀区上地东路 1 号环洋大厦二层　北京红缨教育 王红兵老师 收"。您也可以登录 www.fumu001.com 在线填写。我会在第一时间与您联系。

　　如果您想了解我的最新动态，敬请关注我的博客 blog.sina.com.cn/ihoing，微博 weibo.com/wanghongbing。

　　保持联系。

2011 年 4 月 24 日

--✂

《从幼儿园到清华园》读者联系卡

姓名		联系电话	
电子邮箱		QQ/ MSN	
联系地址			